「与える」より「引き出す」!

ユダヤ式「天才」教育のレシピ

アンドリュー・J・サター+ユキコ・サター

講談社+α文庫

はじめに　ユダヤ人が我が家にやってきた！

ついに世界が二一世紀に突入し、アメリカがテロリズムに震撼《しんかん》した二〇〇一年の一二月、アンドリュー・J・サター（アンディ）と中村起子（ユキコ）がひょんなことからめぐり合い、結婚することになりました。

国際結婚は、今では珍しくもなんともありませんが、ひとつだけ中村家の家族が驚いたことがあります。それは、長女ユキコが連れてきた将来の義理の家族・アンディが、ユダヤ人だったということでした。

ユキコ本人はもちろん、婚約する前にアンディがユダヤ人だということは承知していました。しかし、実際のところ、ユダヤ人についてどこまで知っていたかと言われると、これははなはだ怪しいもので、実は心のすみで「黙っているけど、実は大金持ちかも」などと不届きな期待を持っていたことは否《いな》めません。

アメリカに留学した経験があり、海外に関する仕事もしていたユキコがこのありさまです。

「ユダヤ人と結婚するよ」と聞かされた家族、とくにユキコの両親の当初の誤解は、とんでもないものでした。

ユキコの家族にとって、生のユダヤ人を目にするのは、生まれて初めてです。頭の中には、

「大富豪」

「頭脳明晰《めいせき》」

「ユダヤ人はユダヤ人としか結婚しないのでは?」

「たしか牛肉が食べられないんだよな」

「ダイヤモンド」

などといった言葉が乱れ飛んだと言います。何よりもまず全員の頭に浮かんだのは、「大富豪」というステレオタイプな一言。家族の淡い期待が、弥《いや》が上にも膨《ふく》らみます。

しかし、その期待があえなくしぼむのに、あまり時間はかかりませんでした。

腕こきの弁護士ではありますが、アンディ自身は当時、日本企業に勤務するサラリーマンでしたし、アンディが話す彼の家族たちの、どこをどう突っついても、宝の山が見つか

る気配はありません。

一方で、ユダヤ人＝大富豪という、ヨーロッパだったら「反ユダヤ主義」と烙印《らくいん》を押されても文句の言えない誤解が、極東の島国・日本であまねく広がっていることに、アンディはかなりのショックを受けました。

ユダヤ人は全員が大富豪でもなければ、ユダヤ人以外とも結婚するし、仕事でダイヤモンドを扱うのはほんの一握りの人たちで、食べられないのは牛肉じゃなくて豚肉、でも、何でも食べちゃうユダヤ人だってたくさんいる、といった具合に、一つひとつユダヤ人に対する誤解をといていったユキコの家族ですが、たったひとつだけ、誤解ではなかった先入観があることを知ります。

それは、頭脳をとても大切にすること（明晰かどうかは、人によります）。

長い迫害の歴史の中で、ユダヤ人にとって頭脳はたったひとつの資産だったこと。

ユダヤ人社会では、大富豪などより、科学者、文学者、芸術家、そして社会へ奉仕する人々などを尊敬すること。

家族の伝統は、そのまま教育の伝統であること。

などなど……アンディの説明にユキコの家族は熱心に耳を傾けました。

「ユダヤ人の文化って、とても日本文化に似ているわね。

それに、アンディさんちの教育方針って、ウチのによく似ている」


ユキコの母は、びっくりして、そう感想を漏《も》らしました。

もともと共通点がありそうな、日本の家庭教育と「ユダヤ式」家庭教育。

でも、現実はどうかというと、「結果」においてその違いは、残念ながら明らかです。

たとえばノーベル賞受賞者や発明家、世界的な音楽家や大学教授たちの数では、圧倒的にユダヤ人が優位に立っています。

この差は、一体どこから生まれてくるのでしょう?

もともとの伝統が、ユキコの母が言うように「似ている」のなら、日本人の家庭教育は、ユダヤ人のそれから、うまく良いところを吸収することができるのではないか。そして、いつの日か同じ「世界の少数派」同士、ユダヤ人のように日本人も、アタマを使って自由に世界中で活躍できる日が来るのではないか。そんな期待がきっかけとなり、アンディにとってはごくあたりまえのことである「ユダヤ式」家庭教育法について、これを機にじっくりと見直し、そのエッセンスを皆さんと共有しよう、ということになりました。

本書は、異なる文化で育った夫婦が、意見を交換しながら、いっしょに書き起こしたものです。執筆するにあたって、アンディとユキコは、数多くのユダヤ人・日本人の方々に意見を伺《うかが》いました。

第4章では、現在アメリカで活躍されているユダヤ人、五人の方々へのインタビューも掲載しています。各界で活躍するユダヤ人から、教育や家庭の伝統について生の声を集めるという試みは、おそらく世界でも初めてのことではないかと思います。

この本をご覧になれば、「天才民族・ユダヤ人」の教育法とは、案外難しくなく、日本人でも実行できそうなものであること、そして、その教育法はテクニックではなく、むしろ信頼を基盤とする「伝統」なのだということがおわかりいただけると思います。ユキコの母親も感心したとおり、「ウチの教育方針に似ている」と思う方も多いでしょう。

信頼を基盤とする家庭教育法、名付けてユダヤ式「天才」教育法。実行するには、第2章の七つのレシピを「すべて」実行することだけ。

百聞は一見にしかず。ご一緒に第一歩を踏み出しましょう。

目次◉「与える」より「引き出す」！　ユダヤ式「天才」教育のレシピ

第1章　子供の「天才」を引き出そう！

第2章　ユダヤ人が語った「天才」教育のレシピ

「与える」より「引き出す」！　ユダヤ式「天才」教育のレシピ

プロローグ　「ユダヤ人の生徒は、なんでいつもトップクラスなの？」

私たち夫婦の共通の友人に、サンフランシスコ近郊に住んで一五年以上の日本人夫妻がいます。いつものように、ご夫妻と軽い食事を囲んで会話を楽しんでいたある日のこと、ユダヤ人の家庭教育についての話になりました。

「全米でもトップ5《ファイブ》に入るウチの近くの高校では、成績上位はみんな、ユダヤ系か中国系の子なのよね。中国系は数が多いから、優秀な子もいればそうでもない子もいる。でも、ユダヤ人の生徒は、ほとんど全員、いつもトップクラス。そうでなければ、成績はいまひとつだけど天才肌。この差はいったい何なの？」

奥さんのヨーコさんは、長い間このことに疑問を持ち、その謎を解くべく、ユダヤ人家庭を訪問したり、彼らの教育法を観察したり、ユダヤ人子弟たちの行動などを見守ってきたそうです。

また、ユダヤ人家庭を訪問したときや、ユダヤ人の親たちと話す機会があるたびに、「どうやったらそんなに優秀な子に育てられるの?」と聞き歩いたとも言います。でも、ヨーコさん曰《いわ》く、どの親たちも次の三つだけが「自分たちの教育法だ」と主張する、というのです。

●良い成績を取れ、と子供にハッパをかけない。
●家にはかなりの数の本を常に備え、親子で一緒に読書を楽しむ。
●いろいろなものを見せ、経験させるために、しょっちゅう子供と一緒に外出する。

そして、驚くほどの高い割合で、ユダヤ人の親たちはこう言い添えるそうです。

「でも、一番大事なのは、学ぶのは楽しいことだと教えること」

「学ぶのは楽しい、ということを教えることが、すなわち家庭教育だ。だから、右の三つだけやっていればいいんだよ」と断言する親すらいたというのです。そして、彼ら親たち自身もまた、そのようにして育てられた、と。

「でも、言うは易《やす》し、行うは難《かた》しの代表のような教育法よね。だって、子供を本当に信頼していないと、その三つだけで親が我慢できるはずがないもの」

ヨーコさん、とても鋭い！

「親が我慢」――実はこれこそ、ユダヤ人家庭の教育法の核となる部分なのです。

天才を生み出し続けるユダヤ人家庭の教育法とは、何かを「強制する」「与える」教育ではなく、あくまでも子供の能力を「引き出す」教育です。

頭の良い子にするには「読書をさせる」ことだ。日本の教育専門家たちがこう繰り返すのを耳にしますが、ユダヤ人の家庭は読書さえ強制しません。代わりに、本棚にぎっしりと並んだ本を「見せて」好奇心を刺激するのです。

好奇心さえ持ってもらえれば、こっちの勝ち。あとは子供が好奇心をどの方向へ燃やしていくか、見守ればいい。これが、ユダヤ人の言う「学ぶのは楽しいことだと教える」ということなのです。


「そんなことで、本当にそんなに優秀な子が育つものかしら」

「もしかして、何かユダヤ人だけの秘密があるのに、隠してるんじゃない?」

「彼らの言葉を信じて育ててしまったばっかりに、もしもウチの子が他の子よりも成績が悪くなってしまったとしたら、取り返しがつかない。もしかしたら、もともとユダヤ人の子供たちとウチの子は、能力が違うのかもしれないし」


心配には及びません。隠されている秘密もありません。

これからお話しするユダヤの教育制度や、各章にちりばめられた一般的なユダヤ人たちからのコメント、OECD（経済協力開発機構）による調査の結果、そして、第4章の各界で活躍するユダヤ人に対するインタビューなどをお読みいただければ、単純すぎるように見えるこの方法が、実は非常に合理的な教育法なのだ、と納得していただけると思います。

ところで、ヨーコさんもうっかり見逃している、とても大切なポイントがひとつあります。それは、とても聡明なヨーコさんでさえ、ついつい持ってしまっている、ユダヤ人に対する先入観です。

「ユダヤ人って、特殊な民族じゃないの?」
「ユダヤ人は、遺伝的に頭が良いんでしょう?」

断言します。これは、全くの誤解です。

では、その証拠をこれからお話ししていきましょう。

ただし、「ユダヤ人は特別な人たちではない」けれど、「特別な家庭教育手法を作り上げた」という点を説明するには、どうしてもちょっとだけ、ユダヤ人の歴史や、統計の数字を知らなくてはなりません。少々退屈かもしれないですが、どうぞお付き合いください。

第1章　子供の「天才」を引き出そう！

「ユダヤ人伝説」は誤解がいっぱい

「ユダヤ人」というと、あなたは何を思い浮かべますか？

なんとなく、お金持ちが多そう。優秀な人が多いとも聞いたけど……。ぼんやりとしたイメージが浮かぶくらいなのではないでしょうか。そして、イメージはあるし、噂《うわさ》を聞いたりはするけれど、「生のユダヤ人には会ったことがない」という人が、大半なのではないでしょうか。

世界中で信じられている「ユダヤ人伝説」の代表的なものには、「ユダヤ人はほとんどが大富豪」「ユダヤ人が世界の金融を牛耳《ぎゅうじ》っている」などがありますが、中でも、
・ユダヤ人は遺伝的に頭が良い。
・ユダヤ人は頭が良くなる秘密を持っていて、絶対に他民族には明かさない。
という二つの伝説は、とくに何の根拠もないのにもかかわらず、日本で広く信じられているようです。

でも、もし本当にユダヤ人が「遺伝的に優秀」で「秘密を持っている」のなら、ユダヤ人全員が優秀で、かつ大富豪になっていないといけませんよね？

ここで、「客観的に見たユダヤ人」の一部をお見せしましょう。

○ユダヤ人の総人口は、全世界で約一三〇〇万人
↓そのうち約六二〇万人がアメリカ合衆国に居住（米国人口の約二・二パーセント）
○ノーベル賞受賞者の約二二パーセントがユダヤ人
○米国のユダヤ人の約五六パーセントが大学卒、約二五パーセントが大学院卒
○米国ニューヨーク市に住むユダヤ人の約一三パーセントが「貧困層」（年収約一七〇万円以下）
↓約三〇パーセントがいわゆる「貧乏人」！

ユダヤ人の総人口は、なんとたったの約一三〇〇万人。[※1] 一三〇〇万人といえば、東京都の人口とほぼ同じくらいです。

それに、ユダヤ人の「豊かさ」についても、大きな誤解があるようです。彼らははたして、本当に「ほとんどが大富豪」なのでしょうか？

このことを明らかにするには、まずは、少々歴史をひもとかなくてはなりません。

ユダヤ人、と聞くと、すぐに「ホロコースト」「迫害」という言葉が浮かぶ人が多いの

ではないでしょうか。悲しいことですが、たしかにホロコーストにより、数百万人ものユダヤ人が命を落としました。

でも、ユダヤ人への迫害は、ホロコーストだけだったわけではありません。迫害の歴史は一〇〇〇年を超えるのです。もともとの理由は、宗教にありました。つまり、ユダヤ教という宗教を信じることが、当初の迫害の理由だったのです。

ユダヤ人たちのほとんどは、歴史上のほんとうに長い期間、教育機会も、職業選択の自由も、土地の所有権さえも持つことができませんでした。

自由に進学できない。職業も選べない。土地も持つことができない。……つまり、ほぼすべてのユダヤ人が「極貧」状態だったのです。

そして、その状態は、多くのユダヤ人が迫害を逃《のが》れて新大陸アメリカへ移住しても、変わりませんでした。なぜなら、新大陸に殖民を始めたのはヨーロッパの国々だったから。

新世界アメリカでも、ヨーロッパのユダヤ人迫害の歴史が引き継がれてしまったのです。

つまり、自由の国・アメリカでさえ、当初はユダヤ人に対して厳しい差別が行われていたのです。

たとえば、ユダヤ人が大学への入学を許されるようになったのは、たった一〇〇年ほど前のことです。日本人に「ユダヤ人の産業」と誤解されている金融業ですら、ユダヤ人を受け入れるまでには、とても長い時間がかかりました。それに、アメリカの大富豪の大半は、実はユダヤ系[※2]ではありません。

そして、皆さんがおそらくショックを受けるであろう事実に、現在も「ユダヤ人のかなりの部分が貧乏」というのがあります。

たとえば、ユダヤ人が多く住むニューヨーク市では、ユダヤ人の約一三パーセントが貧困層[※3]に属しており、これに「やや貧困」とされる層を加えると、なんとニューヨークのユダヤ人の約三〇パーセントが、いわゆる「貧乏人」なのです。

つまり、全員が大富豪どころか、あなたよりもはるかに貧しいユダヤ人たちが、世界には大勢いる、ということです。

アタマが一番の財産。持ち運びも簡単！

しかし、当たっている「ユダヤ人伝説」もあります。それは、「優秀な人が多い」ということ。

大企業の管理職や医師、法律家、作家、大学教授、さらにはミュージシャン、画家などの芸術家、NGO活動家などに目を向けてみると、それらの人口に占めるユダヤ人の割合が、とても大きいことがわかります。

これらの職業の共通点は何か。それらのほとんどが頭脳労働である、ということです。

米国のユダヤ人について、ある象徴的な調査結果があります。

それは、全ユダヤ人の、

・約五六パーセントが大学を卒業（全米平均約二九パーセント）

・約二五パーセントが大学院を修了（全米平均約六パーセント）

しているというもの。

ユダヤ人の四人に一人が大学院を出ている。これは、すごいことだとは思いませんか？

先ほどお話ししたとおり、ユダヤ人全員が経済的に豊かとはいえない状況で、四人に一人が大学院を出ているというのは、ユダヤ人の家庭における教育投資への熱意を示していると思われます。

まして、一〇〇年ほど前まで自由に大学に入ることすらできなかったユダヤ人です。この進学の状況は、注目に値するのではないでしょうか。

もちろん、大学院を出たからといって、社会的に成功するとは限りません。しかし、ステータスの高い仕事につくには役立つでしょう。もしかしたら、年収も高くなるかもしれません。それに、より高い教育を受けることによって、将来の可能性が広がります。

ユダヤ人の多くが「頭脳労働についている」「大学院に進んでいる」現象を支えているのは、秘密でも魔術でもありません。数千年の歴史の中で鍛えられてきた、学習を最優先するユダヤ人家庭の伝統なのです。これこそ、本書であなたと共有したいテーマです。

この伝統のもともとのルーツは、ユダヤ教です。

ユダヤ教では、すでに数千年前に、経典が文書になっていました。そのため、宗教を信じることが、イコール「本を読む」ことになったのです。本を読まないと信仰すらできない、ということで、これがのちに、読書を重視する独特の文化につながりました。

これに加えて、長い間の迫害によって、ユダヤ人の間に「一番の財産は自分のアタマ」という考えが定着します。

そのときの支配者の気分次第で、迫害を受けてきたユダヤ人です。ある日突然、家を焼き払われ、突然、住むところを奪われるようなことが、当たり前のように起こってきました。ときには、平穏な毎日に恐ろしい迫害者が乗り込んできて、殺戮《さつりく》を行ったり。そんなときは一目散《いちもくさん》に、着の身着のまま逃げなくてはなりません。

でも、そんな究極の「いざ！」というときでも、アタマならもちろん持ち運び可能。そこで、「まずは自分のアタマに投資しよう」という考え方が一般的になったのです。

投資するなら、まずは自分のアタマ。そして、子供たちへの教育。

では、歴史に鍛えられたユダヤ人の姿勢が生み出した結果は……？

数年前、米国最大の週刊ニュース誌『USニュース・アンド・ワールドレポート』が、「天才達の秘密・二〇世紀を形作った三大偉人」という特集を組みました。三大偉人として選ばれたのは、アインシュタイン、フロイト、そしてマルクス。いうまでもなく、この三人はユダヤ人です。

この三人にキリスト（ジーザス、もちろんユダヤ人です）を加えて眺めれば、ユダヤ人の頭脳が果たしてきた功績をわかっていただけるのではないかと思います。

優秀なのは遺伝のせい？　答えは「NO」！

では、もうひとつの伝説「ユダヤ人は遺伝的に頭が良い」——このことを見てみましょう。はたして本当なのでしょうか？

ここで、最初に明らかにしておかねばならないことがあります。それは、地球上には「純粋なユダヤ人の遺伝子」など存在しない、ということです。

ユダヤ人は、紀元前数百年のころから世界中へ散らばっていきました。そして、それぞれの土地の人々と結婚を重ねてきました。血液をもとにユダヤ人を研究した結果からも、ユダヤ人の血液はそれぞれの定着地の人々に近い、という結果しか出ていません。

さらに言えば、遺伝とIQ（知能指数）の関連性については、まだ明らかになっていないのです。つまり、たとえユダヤ人が民族独特の「血」を受け継いでいるとしても、その血とIQを関連付けるべきではない、ということです。

そして、もうひとつの社会的な成功要素、「インテリジェンス」にご注目を。ご存じの通り、インテリジェンスをつくりあげるのは、IQだけではありません。インテリジェンスを左右する大きな要素のひとつが「環境」であることは、想像に難くないでしょう。

つまり、ユダヤ人の成功のウラには、遺伝以外の「何か」がある、ということです。では、その「何か」とは？

謎を解く鍵は、彼らを取り巻く独特の文化、とくに家庭教育にあります。つまり、「教育そのものに対する概念が、他の民族と違う」という点です。

では、どこが、どう違うのでしょう？

答えは、一言でいうならば、一般的な教育は「与える・強制する・教える」ものだが、ユダヤ式家庭教育は「子供の力を引き出す」ものである、ということです。

すべての鍵はここにあると、私たちは考えています。

ユダヤ式「引き出す」教育法＝エデュカーレ

「教育」という言葉は明治期に作られた、英語「Education」の和訳語です。

さらに、このEducationの語源は、ラテン語の「エデュカーレ（引き出す）」です。

つまり、本来の「教育」とは、「子供が持っている才能や資質を引き出す」という意味だったのです。

もちろん、眠っている才能を開花させるには、子供の側の「学ぶ（Learning）」という姿勢が必要になります。子供の側に意欲がなければ、せっかく才能があっても花開かないでしょう。「引き出す」ということは、同時に、この「学ぶ」意欲を引き出すことも指すのです。

本来のEducationの意味が「与える・教える」に変化し始めたのは、ヨーロッパでも中世以降とされています。一八世紀から一九世紀にかけて産業革命が起こり、学校で知識を詰め込むことがおカネを得る早道になってからは、その意味が急速に強まりました。

さらに加えて、近代になってからは、「国」に有用な人材を、いかに早く、大量に作り出すかということが、各国での重要課題となりました。これが、国家による教育、すなわち「国家教育」の始まりです。この時点で、もともとのEducationの意味が、かなり失われてしまいました。

日本が「Education」という言葉を輸入したのは、欧米各国にこの国家教育の波が広まった一九世紀以降のこととされています。

欧米の近代化を目《ま》の当たりにして驚いた日本は、国家に有用な人材を、できるだけ早く、大量に育てる必要を痛感します。そして、「教育」という言葉とともに、Educationシステムを輸入したのが、日本の近代教育制度の始まりとなりました。

しかし、輸入された「Education」という言葉は、語源であるエデュカーレが持っていた「引き出す」という意味合いをほとんど含まない「教育」という言葉に、すっかり置き換えられてしまったのです。

つまり、

Education（引き出す）⇔ Learning（学ぶ）

という、互いに持ちつ持たれつの関係であった「学習」が、Educationを「与える」という意味合いが強い「教育」という言葉に訳してしまうことで、

Education（与える・教える）⇒ Learning（学ぶ）

という一方的な力関係に固まってしまったのです。ここに日本の教育制度の行き詰まりの原点がある、と主張する学者たちもいるようです。

ところで、先ほど出てきた「学ぶのは楽しいことだと教えること」、これこそが、まさに、本来の「エデュカーレ」である「引き出す⇔学ぶ」の輪といえるのではないでしょうか。

ユダヤ人は、とても長い期間、ヨーロッパ各地で迫害に苦しんできました。彼らのほとんどは、地域の学校にも入ることができませんでした。もしかしたら、この長い迫害のお

かげで、ユダヤ人は「エデュカーレ」を失わずに済んだのかもしれません。

家庭教育とは、子供の資質を「引き出す」こと。教えるべきは「学ぶことは楽しい」ということ。この、本来のエデュカーレをもとにした伝統が、長い時間をかけてユダヤ人独自の伝統になっていきました。

私たちは教育学者ではありませんから、教育制度の分析はここまでにします。

しかし、世界中のユダヤ人家庭に共通している、この「引き出す＝エデュカーレ」教育法こそが、人口が少ないユダヤ人が、これほど多くの優秀な人材を世に出している秘密のひとつと言えることは確かです。


「引き出す、って言われても……具体的にはどうすればいいの？」

「与えない教育って、放任主義とどう違うの？」


もっともな疑問です。

この「引き出す」教育法は、放任主義とは違います。なぜなら、引き出すためには、常日頃から目を皿にして、子供の行動を見ていないといけない。だから、放任にはなりようがありません。

そして、それは、以前なら誰でも知っていたことで、いつでも、誰でも取り戻すことができるもの。今、あなたから始めれば、あなたの家系に未来永劫《えいごう》受け継がれていく伝統になり得るものなのです。

経済的に豊かであろうと、なかろうと、どんな家でも必ず実行できます。そして、この伝統を築くことができれば、あなたの家系から、この先ずっと優秀な人物が世の中に出て行くことになるでしょう。

ただし、この伝統を作るには、厳しい条件があります。

それは、正統「エデュカーレ」、引き出す教育法を実施していくうえでは、大いなる「親バカ」にならねばならない、ということです。

「親バカになるのが厳しい？　どうして？　親バカなら、私もすでにそうだけど？」

「私の今の親バカとユダヤ式の親バカとは、どこが、どう違うの？」

ユダヤ式の親バカも、親バカは親バカです。

あなたが今、すでに親バカなら、それはとても良い兆候です。まずは現状チェックから始めましょう。でも、単に子供を甘やかす親バカでは「ユダヤ式」とは言えません。ユダヤ式親バカは、若干《じゃっかん》忍耐が必要なのです。

ユダヤ式「親バカ」のススメ

ユダヤ人が伝統的に、大切なのは「学ぶのは楽しい」と教えること、「子供を励ます環境」を作ること、という考え方を築いてきたのは、長い間、多くのユダヤ人にとって「アタマが唯一の確実な資産」だったからです。ひどい迫害にあっても、たとえ無一文になってしまっても、アタマはいつでも子供とともにある最高の財産でした。

いまや、ユダヤ人だけを狙ってその命を脅《おびや》かす統治者などは、この世に存在しません。それでも、彼らの伝統はすたれる様子はないようです。なぜなら、彼らに新たな敵が現れたから。それは、「急速な世界の変化」です。

世界はものすごい勢いで変わっています。良い大学を出ても、それで人生が万全なわけではありません。大学を出たあとから、人生の本当の勝負のときが訪れます。そのことは、あなたが一番よく知っているはず。東大を出たからといって、それだけで一生安泰《あんたい》という時代は、はるか昔のこととなりました。

すべてが不確実な今、頼れるのは自分自身だけです。

ただし、アタマに知識さえ詰め込めばいいというわけではありません。今日の知識は、明日には古いものになっているかもしれません。

加えて、次世代のビジネスは、より国際化し、競争も国境や人種を超えたものになっていくでしょう。そのときモノを言うのは、次のことです。

●やりたいことを自分で見つけ出す力を持っているか。
●生涯を通して学び続ける喜びを知っているか。
●変化の中からチャンスを見つける確かな眼と、強い生命力を持っているか。

つまり、本当の意味での「人間力」の有無が重要になってくるのです。それが、本当の国際競争力になります。でも、とても大事なこれらのことを、学校では教えてくれません。しかし、これらの力を持っている子供こそ、「本当に頭の良い子」と言えるのです。

うわべだけの秀才クンでは、もう通用しないのです。

ユダヤ人たちは、厳しい歴史の中で、この「本当に頭の良い子」の育て方を体得し、生き延びてきました。そして、厳しさの中身が変わった今も、伝統を守ることで、世界中で活躍する第一級の人々を輩出《はいしゅつ》し続けているのです。

この、ユダヤ式「頭の良い子の育て方」は、世界中のどの国でも応用可能。かつ、今日から始められるとても簡単なものです。そこには何ひとつ秘密はありません。

では、その方法とは何か。

それは、ユダヤ式「正しい親バカ」に徹して、たった七つのレシピを繰り返すこと。

「親バカって、どういうこと？　七つのレシピって何？」

では、数千年をかけてユダヤ人が編み出した、ユダヤ式「正しい親バカ」の伝統手法を探っていきましょう。

※1　2002年アメリカン・ジューイッシュ・コミッティーの調査より抜粋。

※2　多くの日本人が「ユダヤ系だ」と信じている大富豪たち、たとえば、ロックフェラー、カーネギー、J・P・モルガン、ポール・ゲティなどは非ユダヤ系。「ユダヤ系だ」と誤解しがちなフォードやディズニーにいたっては、ナチスに資金援助していた、強硬な反ユダヤ系である。

※3　一家の年収が1万6500ドル（約170万円）以下と定義。

第2章　ユダヤ人が語った「天才」教育のレシピ

レシピに共通するテーマは「信頼」

この本の執筆にあたり、第一線で活躍する五人のたいへんユニークな方々にインタビューをしました（詳細は第4章を参照）。また、市井《しせい》に生きるユダヤ人の友人たちにも話を聞いて回りました。そして、著者自身の子供時代を振り返り、お話を伺《うかが》った皆さんの育てられ方と自分との間に、たくさんの共通点があることを発見しました。

この章では、私たちのこの発見を詳しく説明し、どうしたら日本人のあなたが自分の子育てに応用できるか、ということを考えてみたいと思います。

これから説明することは、ユダヤ人のすべての家庭に当てはまるものでは、もちろんありません。ユダヤ人の中にも教育に熱心でない人々は当然います。子供を全く構わない親たちだっているのです。でも、そんな人々は少数派です。

では、私がインタビューさせていただいた方々が、ユダヤ人の「典型」だと言えるのか？　答えはＮｏでもあり、Ｙｅｓでもあります。

Ｎｏである理由は、ユダヤ人家庭全部に大学教授やノーベル賞受賞者がいるわけではないから。Ｙｅｓである理由は、第1章でもお話ししたとおり、少なくともアメリカのユダヤ人家庭にとっては、大学教育を受けることや専門職につくことが、他の民族より一般的だからです。

つまり、私（アンディ）や友人たちの家族など「典型的」ユダヤ人家庭と、インタビューさせていただいた方々の家庭との間には、大きな共通点があるということです。そして、その共通点を煮詰めていくと、ユダヤ人家庭の間で何代にもわたって受け継がれてきた、ある重要な「レシピ」が浮かび上がります。

著者は以前、フジテレビ系列で放送（一九九三〜九九年）されていた『料理の鉄人』という番組の大ファンでした。

日本でオンエアされていた時期に、ちょうどサンフランシスコのローカル局でもこれを放映していたのです。ご存じのとおり、この『料理の鉄人』では、毎回「本日のテーマ」が設けられていました。

では、ユダヤ式「天才」教育のレシピのテーマは、一体何なのでしょう。

答えは、「信頼」です。

これからお話しする七つのレシピの中で、〈レシピ1〉以外のすべてのレシピは、両親から子供への信頼が基盤となります。
子供を信頼していなければ、

・子供が自分で興味があるものを見つけても、それを許すことが難しくなります。
・子供が意見を述べても、それを受け入れ、尊重することができません。
・子供が学校で起きた問題を打ち明けても、その話を信じることができません。
・罰を与えるのではなく、「説明し、教える」という、愛情を持った方法で鍛えることが難しくなります。
・子供が巣立とうとするとき、その決断を認めることができません。

子供を信頼することは、そんなに簡単なことではありません。よくある意見に、こんなものがあります。

「どうせ私の子供だもの。そんなに全面的に信頼するのはムリ」

いえいえ、あなたの子供だからこそ、あなたが信頼するのです。
あなた自身のことを振り返ってみてください。

親から信頼されていないと感じたとき、傷つきませんでしたか?
親から信頼されているなと感じたとき、立派な自分になろうと思いませんでしたか?

これらのレシピを実行するにあたっては、もうひとつの関門もあります。それは、子供にも「自分(親)を信頼させる」ということです。

幼いころ、私たち一家が大好きだった絵本があります。それは、アメリカのドクター・スースの『ぞうのホートンたまごをかえす』(邦訳は偕成社刊)。象のホートンは、ある日、母鳥の「ちょっとだけのあいだ」卵を温めていてちょうだい、という頼みを受け入れ、巣の上に座りました。しかし、ちょっとだけどころか、母鳥は何週間も遊びに行ったきり、帰って来ません。

ホートンは、母鳥がいない間、一回も巣を離れませんでした。そして、自分に言い聞かせるように詩をよみます。

言ったことはほんとのことだよ。
ほんとのことしか言わないよ。
象は誠実、一〇〇パーセントさ!(著者訳)

このメッセージには、自分の言葉に忠実であれ、という教えが含まれています。もちろん、この絵本は子供向けに書かれたものです。でも、象のホートンが、この絵本の中で親の役割を果たしていることに注目してください（さて、母鳥が帰ったちょうどそのとき、ひよこが殻《から》を破って生まれてきますが、その顔は、なんと、象でした！）。

両親はいつでも頼りになる、という感覚は、子供にとってとても大事なことです。私の場合、両親が誓ってくれた約束は、今もその多くを思い出せるのですが、では、彼らが破ってしまった約束はなんだったか考えると、何ひとつ思いつきません。おそらく、彼らが違《たが》えてしまった約束はほとんどなかったか、または、私にとってあまり重要なものではなかったのでしょう。

信頼することは難しいことです。なぜなら、「信頼を裏切られたとき」を、人はあまりに恐れるから。

多くの親が子供に詰め込み教育をしようとするのも、子供が出す「結果」に「自分が裏切られるのが怖い」からではないですか？

相手はかけがえのない、他ならぬあなたの子供です。エイヤッ！と、思い切って信頼してしまいましょう！

この努力は、きっと大きな実を結びます。あなたの子供は、親に信頼されていることを知ると、自分が愛され、大切にされていると感じます。この自信は、子供が将来成功することを容易にします。

また、家族の間に、信頼を基盤にした強い絆《きずな》が生まれるでしょう。

ユダヤ式「天才」教育、七つのレシピ

注意：これからお話しするレシピは、「全部一緒に」行ってください。ひとつだけ、一部分だけでは、効果が半減します！

レシピ 1

本をあげよう！　本でいっぱいの本棚を見せよう！

〜読書の強制は必要ナシ！　子供をのびのび読書好きにする法。

☆本がぎっしり詰まった本棚を見せる。

☆褒《ほ》められる→本がもらえる→ウレシイ、を刷り込む。

この〈レシピ1〉は、今回インタビューした五人の全員が認めている点であり（第4章を参照）、多くの有名なユダヤ人の回顧録《かいころく》にも必ず書かれている共通点です。彼らの周りには、常に、うずたかく本が積まれていました。

天才たちばかりではありません。一般的なユダヤ人たちも、口を揃えて〈レシピ1〉の

重要性を説きます。

証言！　クラインさんの話

「幼いころ、私の周りは本でいっぱいでした。とくにお気に入りだったのは、私の部屋に備え付けられた百科事典。何か疑問が生じると、百科事典に首っ引きになっていたものです」

（日本人の妻を持つベンチャー・キャピタリスト、レイ・クライン氏の談話。２００６年１月20日インタビュー）

証言！　スタインバーグさんの話

「良質の百科事典セット、地図、外国語の辞書などは、我が家では非常に重要な家具のひとつでした」

（元ソニー・エグゼクティブ・ディレクター、チャールズ・スタインバーグ氏の談話。２００６年１月19日インタビュー）

豊かな暮らしではありませんでしたが、……(略)……家はもう、本であふれかえっていました。すべての部屋のすべての壁が本棚で覆《おお》われていたような状態で。本好きだったから本が集まったのか、本が集まっていたから本好きになったのか、定かではありませんが。

(一六九ページ、オーラ・フィッシャー氏インタビューより)

著者にとってのもっとも古い記憶は、「我が家の二階に並べられた本棚の前で遊んでいた」というものです。時には、本棚からこっそり本を抜き出して遊ぶこともありました。そして、私の子供時代のご褒美《ほうび》は、いつも本。これが、私を「本好き」に育てたようです。ご褒美として本を与えられることで、私の中で「本＝楽しいこと、嬉しいこと」と結びついたのでしょう。

でも実際は、母はもっと深いことを教えてくれました。それは次のことです。

学ぶ場は学校だけではない。

そうです。わからないことがあったら、本に訊《き》こう。

本には新しい何かが隠されている。

そして、もうひとつ重要なこと。

すべての基礎である、国語力をつける。

「物理学者になるには、どんな資質が必要なのですか？」

私が想定していた答えは、「賢くなければいけない」とか「数学ができないといけない」とか、まあ、そんなものでした。なのに彼の答えは、

「英語（国語）が良くできることだよ」

でした。

「コミュニケーションが良くできないと、科学の分野では成功できないんだよ」と。これは、とても面白い、興味深い回答だと思いませんか？

（一四一ページ、アラン・ヒーガー氏インタビューより）

ユダヤ式「天才」教育のレシピの第一歩は、「本をあげよう！　本でいっぱいの本棚を見せよう！」です。効果は、各界で活躍するみなさんの折り紙つき。

- 「読書しなさい」と言わなくても、自然に読書好きな子供になります。
- 読書することで、学力全体が上がります。
- 自分でわからないことを調べる癖《くせ》がつきます。
- 想像力と忍耐力が養われます。
- 「学習＝楽しいこと」がしっかり身に付き、その後の長い人生が豊かになるでしょう。

●やってみよう！　サター家式本棚の作り方

「子供にインスピレーションを与える本棚」を作る特別な方法って、あるんでしょうか？

実は、あるのです。

他の子供と同様、幼いころは私も「床《ゆか》に近い目線」で過ごすことが多かったため、今でも印象に残っている蔵書は、一番下の段に置かれていた本です。だから、最下段に置かれる本はとくに重要です。

経験を通して私が見つけた「本棚の作り方」は、以下の通りです。

Q1　どこに本棚を置けばいいの？
——どこでもOK！　でも、リビングには必ず置きたい。

別にどこでも構いません。ただ、みんなが集まる「共有の場」、たとえばリビングなどには、何本か書棚があったほうがいいでしょう。そして、子供が大きくなってきたら、自分の部屋に自分だけの本棚を一本か二本持つべきです。

親であるあなたの寝室にあなただけの本棚を置きたい場合は、それもOK。ただし、これだけは覚えておいてください。子供を読書好きにする最高の方法は、あなたも読書しているところを見せること、これに尽《つ》きます。

Q2　どんな本を、どんな順番で本棚に詰めればいいの?

——子供の手が届くところには、ぜひ、絵や写真入りの本を置こう!

最下段は、子供の想像力を刺激する本を詰めることが大切。とくに適しているのは、大判の写真や絵がたくさん入った本です。自然・芸術関連の本なら最適ですし、物語でも良いでしょう。こうしておけば学齢期前から、満足に文字が読めなくても、何時間も写真を見て楽しむことができるはず。

Q3　とくに必要な本はなに?

——百科事典・辞書は、必ず備えよう!

百科事典や辞書、これは必須です。インターネットがあるのに百科事典や辞書が必要かな?と疑問を持った人もいるかもしれません。でも、答えは「絶対に必要」。インターネット上の情報には、たくさんの間違った情報も含まれています。内容を信頼できる情報源を、いつも子供の身近に備えておきましょう。

百科事典・辞書などは、子供の手が届きやすいところにおくことが大切です。そうしておけば、子供が疑問を持ったときに、サッと自分で答えを見つけることができます。もちろん、親であるあなたが子供と一緒に答えを探して、調べ物をするのも、とても良いことです。

子供が小さいころに、たくさんの写真や絵が入った事典などを備えるべきですが、さらにもう一揃い「大人用」の百科事典等を持っていれば、子供から質問が出された場合に役立つと思います。

Q4　居間にある本棚なので、きれいに飾りたいのですが?
——飾りを置く隙間《すきま》があったら、そこにも本を詰め込もう!

本棚に隙間ができると、そこに何かカワイイものを置きたくなるのは人情です。でも、本棚を「カンペキなルックス」にする必要はありません。本棚にできた空間を埋める最良の方法は、そこに本を置くことです。

Q5　本の並べ方に法則はあるの？
　――とくになし！　お好きにどうぞ。

　本の並べ方に、正しい方法などはありません。
　個人的には、私は、ジャンルで分類することにしています。ジャンルとは、たとえば物語・小説、辞書類、歴史、自然科学、といった具合。ちなみに、中学校のときの私の自慢は、ＳＦ小説だけで埋まった自分専用の本棚を一本持っていたことでした。そのころの私にとっては、カバーの色や本のサイズで並べるほうが、著者別にアルファベット順に並べるよりも重要なことでした。
　というわけで、並べ方は柔軟にどうぞ。

Q6　本棚って、地震のときが怖いんですが？
　――本棚はボルトなどで壁に固定しましょう。一番下の段には重い本を詰めて！

　地震が起こって本棚が倒れたら大変ですね。そばにいる人が怪我《けが》を負うのは明らかです。地震で本棚が倒れるのを防ぐには、まずは、一番下の段から本を埋めるようにしてください。

寝室に置く場合は、背の高い本棚は危険です。高くても一〇〇～一三〇センチメートルを上限にしましょう。そして、本棚はボルトなどで壁にしっかり固定してください。

Q7 本を持ちすぎ、ということはあり得ませんか?
——ご心配なく。まったくあり得ません!

この質問に、ユダヤ人のほとんどはこう答えるでしょう。

「本の持ちすぎ? あり得ない!」

また、持っている本を子供が全部読むまで新しい本を与えない、というのは間違いです。「将来読むつもり」の本を持つことは、とても楽しみなことです。かく言う私も、二十数年前に買った本を、ようやく今読み出したところです。

どうでしょう? イマジネーションを駆使して、子供を刺激する「あなたの家式本棚」を作り上げてください!

写真の本棚にある本は、
我が家の蔵書の１割にもなりません……。

レシピ 2

子供を観察しよう！

～決め付け、押し付けは絶対NG。危険なときだけ手助けを。

☆子供が何に興味を持つか、とにかく観察しましょう。押し付けはNGです。

☆何かに興味を持ったら、それに関する本を与えましょう。関連する博物館など、質の良い情報がある場所へ連れて行きましょう。

☆子供の進む方向に危険があったら、さりげなく方向修正を。

つい最近、まるでこのレシピを映像にしたような、テレビCMを見つけました。

そのCMでは、一台の車が、山や、海岸や、野原など、道なき道を走っています。車が進む道は、ハイウェイではありません。道ですらありません。CG（コンピュータ・グラフィックス）を使ったその映像では、高速で走る車のほんの数センチメートル前に魔法のように、そして導くように、道路ができていくのです。

子供には、あらかじめできあがったハイウェイを走ってほしいとか、極端な場合は、時刻表までガチガチに決められた特急電車のような人生を歩んでほしいとのぞむ両親もいます。

しかし、それで子供は本当に「ハッピー」な人生を手に入れられるでしょうか？　または、もしもあなたがそんな人生を押し付けられたとしたら、どうでしょう？

●好きな学問や職業を選ばなければ、大成しない。
●好きなことをしていなければ、ハッピーにはなれない。
●自分で自分の進む道を選べば、豊かな後悔のない人生が待っている。

一般的に、ユダヤ人の家庭では、子供に将来の道を自由に選ばせます。第4章でインタビューした五人の方々も、みな「親に進路を強制されたことはない」と明言しています。自分が本当に心の底から興味があることを確認してから、皆さん、その道に進んだようです。

いろいろなものに興味を持ち、方向の定まらなかった少年期でありましたが、両親に勉強しろと押し付けられた記憶は、全くありません。たぶん両親は、私と、私の兄弟たちを信じてくれていたのだと思います。

（一八九ページ、デイヴィッド・グリーン氏インタビューより）

では、子供が自分の進路を決めるとき、親たちはどこにいて、いったい何をすればいいのでしょう？

そう、さきほどのＣＭの、ＣＧの役割をすればいいのです。

子供たちをじっくり観察し、彼らが進みたい方向にちょっとずつ道を敷いていくのです。

具体的に言えば、

・子供たちの冒険を応援し、
・冒険に参考になるものを与え、
・障害を取り除いてやる、
役割です。

証言！ スタインバーグさんの話

「私の父の口癖は、『好きなものを好きなだけ勉強しろ。行きたければどこへでも進学しろ。金のことは心配するな。勉強するためにお前が働かなくちゃいけないようには、絶対にしないから安心しろ』。そして実際に、そうしてくれました。私も自分の三人の子供には父と同じように言い聞かせ、その通りに実行してきました」

たとえば、こんなことがありました。

私（アンディ）が四歳だったときのことです。私たち一家は、ニューヨークはブルックリンにあるコーニー・アイランド水族館に行きました。生まれて初めての水族館。私はとても喜び、興奮したのを覚えています。その様子を、両親はじっと観察していたようです。

翌日、両親が私に、『ゴールデン・ネイチャー・ガイド』というシリーズの中の「魚」という一冊をくれました。水族館に行った興奮がまだ冷めていなかった私に、その印象はあまりにも鮮やかで、今でも題名から著者名まで覚えているくらいです（ちなみに著者は、ハーバート・S・ジンでした）。

また、こんな経験もあります。一二歳になったとき、私は初めて外国語の授業を取りました。この年の両親からの誕生日プレゼントは、我が人生で初めての外国語の辞書でした（ドイツ語⇔英語）。その後、二〇以上の外国語に親しみ、各国語の辞書であふれかえる本棚に、今でもその一冊は並んでいます。

スタインバーグさんの話と私の記憶、両方に共通することは、「両親は子供が何を楽しんでいるかをじっくり観察し、子供が進路を自分で選ぶのを励ましていた」ということです。

私の子供時代を振り返ると、何かに興味を持つや否《いな》や、それに関する本が、まるで天から降ってくるように、手の中に舞い降りてきました。両親は私に、興味を持ったものをもっと深く知る「すべ」を示したかったのです。CG技術ができるはるか前に、彼らは「数センチメートル前に道路を作る方法」を知っていたわけです。

この「CG技術」によって、両親は子供を無理なく導くことができます。たとえば、子供の先に広がる道路を、あっちこっちに寄り道するジグザグではなく、ほぼまっすぐにすることが可能でしょう。また、自分で選んだ目的地に到着するためには忍耐と努力が必要なことと、そこに到着するための方法を教えることができます。

子供がどの方向に行きたいと思っているのかを見極めよう。——そして、旅が安全になるよう、ちょっとだけ先の道を作ってあげよう。

レシピ3

見せる、体験させる、感動させる!

~情報をたくさん与えて、選択肢《せんたくし》を増やしてあげよう!

☆博物館、美術館、本屋、コンサート、史跡などで、上質な情報に触れさせよう。
☆その中から、子供に「ピン!」と来るものは何かを探ろう。
☆インターネットなどのバーチャル空間ではなく、「ホンモノ」に触れさせよう。

子供が小さいときは、彼らがどこへ行きたいのかを見極めることが困難です。それに、子供の興味は移ろいやすい。だから、親たちは、色とりどりの情報を数多く与えて、選択できる幅を広げてやるべきです。

たとえ、苦労して連れて行った場所で、あなたの子供が目を輝かせなかったとしても、がっかりする必要はありません。

子供が目を輝かせるまで、いろいろなところへ連れて行き、体験させればいいのです。

親にとっては小さなことでも、子供にとっては、生まれて初めてのことばかりです。その日のことは、子供の大事な財産になるでしょう。

ところで、子供を連れ出す前にちょっとだけ、下調べすることも忘れずに！　効果は抜群。きっと子供たちのヒーローになれますよ！

「一体、どんなところへ子供を連れて行ったらいいの？」

ヨーコさんと同じ、そんな疑問を持つ方には、次の項をどうぞ。

●やってみよう！　子供を連れ出すには、どこがいい？

「どこへ子供を連れて行ったらいいの？」と、最初はちょっと考えてしまうかもしれません。たとえば、こんな場所は、どうでしょう？

見る

博物館、美術館、さまざまな絵画の展覧会、史跡、城跡、国立・国定公園、天文台、科学館、大学や図書館などの施設、隕石落下跡《いんせき》など大規模な自然現象をあらわす土地

体験する

スキーや水泳などの運動、楽器の演奏、天体観測、海辺・山などの自然

感じる

各種コンサート（クラシック音楽、オペラ、バレエなど。ブラジル音楽やジャズだってもちろんＯＫ！）

博物館、美術館、史跡、国立・国定公園などは、子供の知的好奇心を刺激する、とてもよい情報源になるでしょう。子供たちは初めて触れる情報に、目を輝かせるかもしれません。「そんなところへ連れて行っても、子供にはきっとつまらない」などと、大人が判断してはいけません。

水族館や動物園も良いでしょう。ただし、大人も楽しめるからといって、遊園地にばかり行くのは考えものです。なぜなら、遊園地は受け身の感動しか呼ばないから。このレシピのポイントは、あくまでも「子供が感動し、自分の力で考えるような場所に連れて行く」という点です。

有名な史跡でなくとも、地層がはっきり見える断層面がある場所や、我が家でできる天体観測なども、大いに子供の興味を刺激します。天体望遠鏡や顕微鏡などは、いつの世も子供の憧《あこが》れですよね。

子供のときに経験した天体観測がきっかけになって、天文学者になる人は多いものです。最初に触れる情報は、とにかく上質のものを選び抜きましょう。

証言！ クラインさんの話

「ワシントンDCにあるスミソニアン博物館とか、有名なハウ洞窟（ニューヨーク州の北にある地下四五メートルにもなる洞窟）など、両親にいろいろな面白いところへ連れて行ってもらったことを、鮮明に覚えています。当時、私の父は三〇年勤めたGE《ゼネラル・エレクトリック》をクビになったばかりでした。たいへんなインフレ経済のもと、母は専業主婦でしたから、家計はとても苦しかったはずなのに、両親はそんなことをおくびにも出さなかった」

母はよく私をネブラスカ大学に連れて行ってくれて、構内を歩き回ったりしたものです。大学以外には……そう、図書館は、いつも身近にあったので、もう生活の一環というか、そんなに特殊なものではなかったですね。

（一三九～一四〇ページ、アラン・ヒーガー氏インタビューより）

●ファインマン教授のエピソードより

ノーベル物理学賞受賞者で、二〇世紀最高の科学者として知られるリチャード・ファインマン教授の父親は科学者ではなく、あまりうだつのあがらない起業家だった。しかし、少年時代を振り返って、ファインマン教授は、彼が科学者になったきっかけは、「父親が博物館に連れて行ってくれたこと」だったと述べている。

ファインマン教授の父親は、博物館で氷河痕《こん》の模型を見つけると、ファインマン少年に熱心に氷河について説明し始めた。父親の説明は完璧とは言いがたく、間違っていたことも多々あったという。しかし、父親の熱心な姿勢と、ことあるごとにファインマン少年の意見を尋《たず》ねる姿勢は、単に正しい説明を与えるよりもはるかに大きな財産を、ファインマン少年に残したのだ。

（拙著『ユダヤ人の頭のなか』〈インデックス・コミュニケーションズ刊〉より）

証言！　著者の場合

私の子供時代、我が家は年に数回、マンハッタンにあるニューヨーク近代美術館（ＭｏＭＡ）を訪れるのが習慣でした。当時非常に気に入っていた、キュービスムや抽象絵画は、今でも私のお気に入りです。また、両親はいつも家でレコードをかけていました。とくに多かったのは、フランク・シナトラとジャズでした。

私たち兄弟は、両親が与えてくれたこれらの刺激に、それぞれが全く異なる形で反応しました。たとえば次兄は、大変優秀なエンジニアになりましたが、若い時分はMoMAで開催されていたクラスに通いつめ、その後、写真と絵画に没頭しました。残念なことに、彼は、エンジニアとしてのキャリアがやっと始まった三〇代前半で、この世を去ってしまいました。

一方、妹は両親から受けた刺激の中でも、音楽に反応したようです。彼女は独学でピアノとオルガンの演奏を習得し、今ではセミプロのソプラノ歌手として地域の音楽家と共に活動しています。

様々な対象に向けた興味の中で、最も右往左往したのは私でしょう。若いころは科学とSF小説と言語学に強い興味を持ちました。これを見て両親は、いろいろな科学系の催し物に参加させてくれました。たとえば高校時代、私たち一家はニューヨーク州のロングアイランドに住んでいたのですが、数年間、遠く離れたマンハッタンにあるコロンビア大学で毎週土曜日に開かれる科学系のクラスに一人で通っていました。授業が終わると、美術館に立ち寄るのが常でした。

大学生になると、私の興味は科学から外国語とクラシック音楽に移ります。趣味が高じて、ハーバード大学を出た後、ボストンの週刊誌でクラシック音楽批評を書き始めたほどです。同時に、外国書籍専門の書店でも働き始めました。でも、結局は、科学者や作家として生きていくのは経済的に難しいと悟り、ロースクール（法科大学院）に入ったのです。

ラッキーだったのは、法律家の仕事が好きになったことでしょう。でも、紆余曲《うよきよく》折《せつ》を経たことのほうが、もっとラッキーだったのです。なぜなら、現在の私は、それまで右往左往した創作や外国語、科学などを、弁護士としての仕事に生かしているからです。そして、長い時間をかけて私の血となり肉となった経験はすべて、両親によって蒔《ま》かれ、両親によってはぐくまれた種から育ったものでした。

子供たちが育つ段階で、できるだけいろいろなものに触れさせよう。——何がいちばん彼らの人生にとって重要になるか、誰にもわからないのだから。

レシピ4

子供をのびのび、優秀に育てる三つの言葉。「どう思う?」「よく思いついたね!」「いっしょに答えを探そう」

~コミュニケーションの輪で、頭を良くする。

☆自分の意見を子供に伝えたら→「これについて、○○ちゃんはどう思う?」と尋《たず》ねる。
☆子供が意見を言ったら→「よく思いついたね!」とまず肯定。
☆子供に質問されて、答えがわからなかったら→「いっしょに答えを探そう!」と提案する。

前項の〈レシピ3〉では、いろいろなものを子供たちに見せました。その結果、子供たちが見たもの、聞いたものに関してどんな意見を持っても、びっくりしてはいけません。自分の意見を持つことは、とても素晴らしいことです。

あなたの若いころを思い出してください。大人たちから「なんでそんなことがわかるの？　子供のくせに！」なんて拒絶されたのをきっかけに、二度と意見を言うのをやめてしまった経験はありませんか？

自分の意見を「くだらない」と言われるのは、誰にとっても不快なはずです。だったら、同じことを自分の子供にするのはやめましょう。

長い間の迫害に苦しんできたユダヤ人にとって、生き残りのための適切な判断と、そのもとになる多様な意見は、とても重要なものでした。そのような背景から、ユダヤ文化は「異なる意見」を受け入れやすい性質を持つようになりました。

小さい子供が自分の意見を主張することは、ユダヤ人には、別に驚くに値することではありません。反対に、親から子供へ「これについて、どう思う？」という質問をすることも、ごく一般的な風景なのです。

証言！　著者の場合

私が一五歳のときのことです。ある前衛的な小説がベストセラーになりました。さっそく母が目を通しましたが、なんのことだかさっぱりわからないから、この本を読んでポイントが何なのか説明してくれないか、と、私と次兄に頼んできました。

今から四〇年も前の、日常のひとこまです。母への説明は、二分もかからなかったと思います。でも、私はこの日のことを、はっきり覚えています。

私にとって重要だったのは、母が私の意見を求めた、ということでした。なぜならそれは、母が私の意見を尊重していたことと、彼女はわからないということを認めることができる勇気ある人だという、二つのことを意味していたからです。

自分の意見を尊重してもらえた、という事実が子供に与える影響を、軽く見てはいけません。自分の意見に真剣に耳を傾けてもらえるということは、年齢の大小にかかわらず、かけがえのない素晴らしいものなのですから。

子供に自分の意見を持たせることには、いくつかのメリットがあります。

まず最初に、彼らに考えさせることができるということ。誰かが一方的にしゃべっているのを、ずっと聞いているのは退屈です。それに、一方的に話されたことは、あまり記憶に残りません。自分で考え、自分の言葉で意見を交換することで、その話題についてより深く理解することができ、また記憶にも残りやすいのです。

あなたの子供に何かを見せたら、それについて考えさせましょう。飛躍的に理解が深まり、記憶にも残ることでしょう。

二番目に、意見を求めることで子供に自信を与えることができます。子供に「それについて、どう思う?」と尋ねるのは、すなわち、あなたが子供の意見に価値があると思っていて、興味を持っていることを表します。子供が嫌な思いをするわけはありませんよね。

では、親と子がコミュニケーションの輪をどうやって作ればいいか、具体的に見てみましょう。

ステップ1 意見を聞く「これについて、どう思う?」

まずは、子供の意見を尋ねましょう。

尋ねなくても自分から意見を言うようなら、このステップは不要です！

ステップ2　褒《ほ》める「よく思いついたね！」

子供からの反応があったら、まずは子供の意見を褒めます。間違った答えでも、さえない回答でも、ともかく、その答えや意見をひねりだした子供を褒める、それがユダヤ人家庭で一般的に見られる光景です。

おおげさに褒める必要はありません。

「いいところに気が付いたね」

「よく考えたね」

この程度でいいのです。それでも子供は、自分が受け入れられたと安心するでしょう。

この時点から、「親バカ」になりきる必要がだんだん見えてきました。

子供の話をじっくり聞くこと、そして「あなたの考えを受け入れたよ」と言葉と態度で示すことは、つまり、励ましの環境を作るベースとなります。

ステップ3　答えを探す提案をする「いっしょに答えを探そう！」

ところで、出てきた意見が、「質問」だった場合もあるでしょう。子供の質問は、ときに複雑で深いもの。即答できない場合も多いでしょう。

しかし、親がすべてを知っている必要はありません。知らなくても恥じることはありません。わからなければいっしょに探せばいいのです。知らないことを「知らない」とはっきり言える親を、子供は尊敬します。

いっしょに百科事典を調べれば、子供は「本の中に答えがある」ことを学ぶでしょうし、インターネットで答えを見つけられるのを知れば、自分もインターネットで検索したいと思うでしょう（ただし、有害サイトのブロックは忘れずに！）。

入学前の子供なら、文字が読めないとどうしようもないことを体で知り、言葉への好奇心も高まるはずです。

いっしょに調べたり、何かを体験したあとに子供の感想を聞いた場合などは、そのあと大人である自分の意見も述べましょう。

子供は、この会話の輪によって、自分が一人の人間として尊重されているという自信が高まります。

また、親の考えに触れることで、そのような考え方もあるのか、と、新しい論理に接することにもなるでしょう。つまり、大人の意見を共有することで、子供の頭の中に、いろいろな回路を作っていくことができるのです。

ユダヤ人家庭の大きな特徴に、「親子でひんぱんに議論を戦わせる」というものがあります。この点は、第4章のインタビューでも、しばしば出てくることでもあります。政治でも文化でもいい、何か議題を設けて議論をする、という家庭文化が、ユダヤ人の高い交渉能力・分析能力・言語能力をはぐくんでいる、とされています。

証言！ スタインバーグさんの話

「私の父は、一緒にスポーツをしてくれることは稀《まれ》でしたが、学校で起きたことや読んだ本について討論したり、博物館に連れて行ってくれたりすることには、たくさんの時間を費やしてくれました」

「家族でよく話し合ったのは、政治や、世界や国内で起こった事件などについてでした。重大ニュースがあるときには、家族全員がラジオの前に集合して、耳をそばだてたものです」

私たち家族は、とにかくよく話をしました。話というか、討論というか。よく話題に上ったのは、政治、時事問題かな。……(略)……私たち兄弟は、最初は冷静に何かについて軽い議論をしているんですが、そのうち真剣なケンカになる。ええ、暴力沙汰《さた》です(笑)。

(一八九ページ、デイヴィッド・グリーン氏インタビューより)

子供を優秀にする、「コミュニケーションの輪」。
親が尋ねる→子供が話す→親が褒め、再び尋ねる→子供が話す→親が褒め、再び尋ねる……。

ここまでお話しした四つのレシピに共通する要素は、繰り返しになりますが、「子供から引き出す」ということです。

引き出すのは、才能・資質・好奇心、あるいは大志かもしれません。そして、これらの四つのレシピを何度も何度も繰り返す。それが、ユダヤ人の家庭教育のエッセンスです。

「あまりに簡単すぎる！」

そう思いましたか？

実はそんなに簡単なことではないのです。これをやりぬくには、五番目のレシピにして普通の親の最大の難関、「子供を絶対的に信頼する」が必要不可欠なのです。

レシピ 5

言葉と態度で「信じてるよ」を示そう!

～遺伝するのは能力ではなく、信頼。

☆子供が学校で問題を起こしたとき、叱られたとき、教師から批判されたときなどは、子供の意見を尊重し、子供の側からも事情を聞きましょう。
☆教師がいつも正しくて子供がいつも間違っていると、想像だけで決めつけてはダメ。
☆必要とあらば、子供のために学校や教師と話し合いましょう。
☆「先生に質問しておいで!」と言って、学校へ送り出しましょう。

ユダヤ人家庭をリサーチした、冒頭のヨーコさんの言葉を思い出してください。

「でも、言うは易《やす》し、行うは難《かた》しの代表のような教育法よね。だって、子供を本当に信頼していないと、親が我慢できるはずがないもの」

信頼――これはユダヤ人家庭の性格を、最もよく表した言葉です。自分の子供は絶対に伸びる、絶対に大丈夫、と心の底から信じている。これは、とくにユダヤ人の母親の特徴として、しばしばコメディーにさえ登場します。ユダヤ人の母親といえば、自分の子供が世界一だと勝手に信じ、自慢して歩くのが普通なのです。

有名なユダヤ・ジョークに、こんなものがあります。

問い　ジーザス（イエス・キリスト）がユダヤ人だという証拠は？

答え　三〇歳過ぎてもまだ母親と同居していたことと、母親が自分の息子は神だと信じていたことだ！

ところで、信頼とはいわば一方的な行為ですから、ともすると裏切られるリスクが伴います。ですから、なんらかの裏打ちがないと、普通は信頼してよいものかどうか迷ってしまいます。

では、なぜ、ユダヤ人の家庭ではそんなにもかんたんに子供を信頼することができるのでしょう。これには、ユダヤ人家庭を数多く観察してきた、ヨーコさんの率直な言葉が参考になるようです。

「日本人は、他の子と自分の子をいつも比べているような気がする。一方、ユダヤ人には、自分の子供を他人の子と比較するという考えが、あまりないみたい」

その通り。ユダヤ人の多くは、「自分の子供を他人の子と比較する」ことが、あまりありません。「他の子よりも優秀なはずだ」などと勝手に信頼してしまうから、勝手に「裏切られた」と落ち込むのです。最初から比較しなければ、自分の子への信頼が裏切られることなどありえないのではないでしょうか。

他の子と比較するから、信頼できない。
比較などしなければ、全面的に信頼できるはず。
まずは、他の子と自分の子の比較をやめよう。

このように、多くのユダヤ人が子供を絶対的に信頼するようになった背景は、定かではありません。もしかしたら、唯一絶対の神を持つ宗教のせいかもしれません。
ヨーコさんの言葉は続きます。

「話を聞くと、どうも、親たちの世代もそうやって、信頼されて育てられたようだ」

ここに、優秀な子供を代々世に送り出す鍵が隠されています。遺伝していたのは能力ではなく、「信頼」だったのです。

遺伝するのは、能力ではなく信頼。
あなたが子供を信頼すれば、子供も自分の子供を信頼する。
これが、大いなる才能が何世代にもわたって出てくる「秘密」。

もちろん、信頼だけしていれば子供が優秀になるわけではありません。やはり、レシピを繰り返して、子供の好奇心や学ぶ意欲を絶えず刺激し続けなければだめです。

レシピを本当に守ることができれば、子供たちはみな、身の丈《たけ》にあった大きな夢に向かって、自分の力で成長し始めるはずだ、とユダヤ人は考えます。これが、「ハッピーになる」ということ、そのものなのです。

子供への信頼は、対決相手が学校や先生であっても、揺らぐことはありません。

日本人の家庭では、子供を送り出すとき、「先生の言うことをよく聞いて、いい子にしていなさい」と言うことが多いと思います。

一方、ユダヤ人家庭の典型的な見送りのときの一言は、「先生に質問してきなさい！」です。

教師に対して子供が質問をひねり出すには、

・教師が話していることに興味を持ち、
・理解しようとがんばり、
・理解したことを分析し、
・想像力を働かせて、
・言葉を使って論理的に発言（質問）する、

という一連の努力をしなければなりません。

「教師に対して質問をする」ということだけでも、これだけの能力が鍛えられるのです。小さなことのように見える努力ですが、幼いころからこれを積み重ねてきた子と、そうでない子の間には、後日、大きな差が出ます。

「先生に質問してきなさい」と言って、子供を送り出そう。毎日の繰り返しが、後日、大きな差を生む。

また、子供が先生の言動や学校のあり方に疑問を持ったときには、よく事情を聞いた上で、相手に非があるなら子供の側に立ち、場合によってはいっしょに戦うことも必要です。

「そんなことをしたら、親バカだと思われてしまう」

その通り！　「親バカ」になることがユダヤ式教育法なのです！

証言! 著者の場合

私が小学生だったときのこと。

英語（国語）の教師が、ある動物の単語の複数形について、文法的ミスを犯しました。私は手をあげて、その複数形は間違いで、別の形をとるべきではないのかと質問しました。教師はその夜、私の母に電話をかけてきて、今後は授業中に私が発言しないよう指導しろ、と言いました。私の母は、私の質問は正しかったのだし、そもそもそんなことを押し付けるのは失礼極まりない、と、その場でこれを拒否しました。

母の信頼と、いつでも自分を守ってくれる姿勢に、とても感動したのを覚えています。

ただし、学校教育の現場は千差万別ですし、教師の性格や教育方針もそれぞれに違います。ですから、学校教育に要求を突きつける前には、子供を取り巻く周辺事情も把握しておくべきでしょう。

しかし、ここでも、「親バカ」になることは可能です。いくつかのステップを踏みましょう。

●学校で子供が問題を起こしたら

①まず最初に、子供の言い分を聞きましょう。
②次に学校へ赴《おもむ》き、学校側の言い分を聞きましょう。自動的に謝罪してはいけません。
③もしも子供に非があるなら、もちろん謝罪しましょう。しかし、学校側に非があるのなら、教師の性格を把握した上で、学校側に意見を述べてはどうでしょうか。
④後日、子供を傷つける可能性がないのであれば、学校側に対してはっきりと「非があるのはあなたたちのほうだ」と述べましょう。

あるいは極端な場合、沈黙を通すことが良いこともあるでしょう。

ここで「極端」と言ったのは、「親バカ」を名乗る以上、親たちは、子供を守るにあたって、手抜きをしたり臆病《おくびょう》になったりすべきではないからです。

ただし、沈黙を選ぶ場合は、子供に対して沈黙する理由をちゃんと話し、あなたが子供を助けるためにそうしていることをわからせるべきです。教師に何らかの問題があると思われる場合、子供の教育に親が積極的に参加することが、より重要となります。

学校側が正しいのか、子供が正しいのか曖昧《あいまい》な場合は、常に子供が正しいという前提で物事を進めてはどうでしょうか。子供は間違いなく、両親の態度に感謝し、自分にもっと自信を持つようになり、同じような問題に将来かかわらないように気をつけるようになるでしょう。

教師が常に正しいなどと決めつけてはいけない。
――子供の学校での活動を応援しよう。

レシピ6

「あなたがボス」であることを忘れずに！

～まず説明。罰は本当に必要な場合にのみ行う。

☆親バカではあっても、親が常に「ボス」。
☆叱るときは、まず叱る理由を説明する。
☆子供の目線に立つことは重要だが、子供と同等になってはだめ。

ここまで読んでくださったあなたは、もしかしたら、「親バカ」レシピは少々極端だな、と思われたかもしれません。

「こんな場合でも、褒《ほ》めて信頼しないといけないの？」

・子供が他の子を学校で傷つけたり、施設を壊したりしたら？
・子供から出た意見が乱暴で、自己中心的な場合は？
・いつ意見を尋ねても、失礼な言い方しかしない場合は？

・子供が選んだ道が、どう見ても崖《がけ》っぷちに向かっている場合は？
・差別など、好ましくない振る舞いをしている場合は、どうしたらいい？

誤解しないでください。この本では、子供たちが望んだらなんでもさせてやれと言っているのではないですし、間違った意見も受け入れてやれと言っているのでもありません。子供を家族の「ボス」にしろ、と勧めているのではないのです。

ユダヤ式親バカは、「放任」ではない！親であるあなたが、常に子供の「ボス」。

倫理観やその他の、人間としての基本を身に付けさせるのは、他ならぬ親であるあなたの役目です。子供が間違ったことをしたら、何が正しいかを子供に教えねばなりませんし、必要であれば、罰を与えねばならない場合もあるでしょう。

この部分で特記すべき「親バカ」のレシピがあるとすれば、それは、「まず説明をして正しいことを教え、罰は本当に必要な場合にのみ行う」ということです。そして子供に、一体誰がボスなのか、繰り返しわからせることが必要です。

証言！ 著者の場合

私が五歳だったときのことです。

五歳といえば、お金にどんな力があるか、多少はわかり始める年頃です。とくに、お金があればお菓子が買えるということが！

ある日、私は母の化粧台から、今の価値にして七〇円分ほどの、数枚の硬貨をくすねました。母はすぐにこれに気付きました。彼女は私を階段の一番下の段に座らせると、自分のものではないものを勝手に手にすることが、なぜいけないのか説明してくれました。母は、別に怒鳴ったわけではありません。その説明は理路整然としていました。でも、私は自分のしたことを深く反省し、二度と「失敬」はすまいと心に誓いました。

子供の過ちを発見したとき、親が子供に教えるべきこと、それは、

- あなた（子供）が間違いを犯したという事実。
- なぜそれが間違いなのか、という論理的な理由。
- 間違ったことをしてしまったけれど、それでも自分（親）はあなた（子供）を愛している、ということ。

どのメッセージも、時間がかかることはあっても、必ず子供の心に届きます。

あなたは常にボスである。
――何が正しくて何が正しくないか、子供に説明しよう。
必要な場合は罰を与えよう。
そして、それでもあなたが子供を愛していることを伝えよう！

レシピ7

時期が来たら、親離れさせよう！

～子供をニートにしない方法。

☆親離れさせるのも、親の責任。
☆「親バカ」は一生の大仕事。

料理でもっとも大事なことのひとつが、いつオーブンから料理を取り出すか、いつコンロから鍋を下ろすか、というタイミングでしょう。ユダヤ式「天才」教育のレシピも、例外ではありません。

このレシピを成功させるには、親離れすべきときを子供に教え、自力で生きていく準備をさせることが重要です。

子供を親離れさせるタイミングを選ぶのは、親の義務のひとつ。

もちろん、親の予想よりも早く、子供が自ら飛び立っていくこともあるでしょう。でも、子供が大人になったにもかかわらず、家を出て行くそぶりさえみせない場合は、親であるあなたが、「行動」を取るべきかもしれません。

証言! 著者の場合

大学を卒業した長兄が、ある日、我が家に帰って来ました。そして職にもつかずに、ぶらぶらと日を送り始めました。

当時私は、自分の兄が今の日本で言うニートであろうとは、思ってもみませんでした。兄は引っ込み思案ではありませんでしたし、友だちもたくさんいました。しかし、ニートになる途上にいたのは、間違いなかったと思います。

一年後、母は、ある行動に出ます。彼女曰《いわ》く、「人生で一番つらい決断だった」。母は長兄を、家から追い出したのです。追い出された長兄を助けて荷物をトラックに積む手伝いをしたことを、私は今でも鮮明に覚えています。

母が恐れたのは、当時アメリカで社会問題になっていた、いわゆる「アダルト・チルドレン」という現象だったのかもしれません。その手の報道記事の多くが、「……そしてある日、警察がドアをたたき、猟奇《りょうき》犯罪の容疑者として、子供を連行していった」という締めくくりになっていました。

ところで、追い出された長兄に二年後、何が起こったと思いますか? なんと、彼は母に対して、「あの時追い出してくれて、本当にありがとう」と感謝したのです。「正常な人生に戻るために、誰かに背中を押してもらいたかったんだ」と。

読売新聞の統計によると、日本の親の、実に九〇パーセントが、「自分の子供たちがニートやフリーターになるのではないか」と心配しているということです。

ニートやフリーター、これらの言葉は和製英語ですから、この通りの表現を英語圏に住む人間はしませんし、ユダヤ人の家庭では、そのコンセプトさえあまり知られてはいません。なぜなら、このレシピに従えば、そんなことは起こるはずがないからです。

子供をよく観察していれば、私の母のように、手遅れになる前に子供を追い出すことができるでしょう。それ以前に、そのような道に入ってしまわないよう、子供たちが自分の選択に責任を持てるようにしていくことができるはずです。

あなたが、我が子を親離れさせるべき時期を、きちんと認識していれば、たとえそれが

「追い出す」形を取っていたとしても、独り立ちさせたことで、親子の関係が壊れてしまう心配はありません。


適切なときがきたら、子供が巣立つのを許そう。

——必要だったら、その背中を押してやろう。

このレシピが日本でも有効なワケ

「ユダヤ人の家庭で、このレシピが有効なのはよくわかった。でも、これって日本でも有効なものなの？」


答えは簡単。有効です。

たとえば、明治維新で活躍した人々、近代日本を築いた人々の伝記などに触れれば、その家庭環境が驚くほど「ユダヤ的」であることに、きっと気付くことでしょう。

それでも、今ひとつ納得できない人のために、面白いデータを紹介しましょう。

●PISAテストが示すもの

ここ二〇年ほどの間に、先進諸国で、あるひとつのトレンドが広まりつつあります。それは、「女子のほうが、男子よりも読解力が優れている」という傾向です。

その一例を、PISA（Programme for International Student Assessment：生徒の学習到達度調査）に見ることができます。このテストは、OECD（経済協力開発機構）が主導して実施されるもので、対象国には、日本、米国、韓国、EU加盟国などほとんどの先進国が含まれています。テストは一五歳の生徒を対象に三年に一度実施され、ブラジルなど加盟国以外の国も参加することがあります。調査内容は、各国の生徒たちの読解力、計算能力、科学的な知識を測ります。

PISAによる二〇〇三年のテストでは、読解力テスト一〇〇〇点満点のうち、日本の女子は男子より二二点高い数値を獲得。一方、計算能力では男子が女子を八点リードし、科学的知識でも四点のリードでした。

数値の中身を見ると、読解力のスコアが「低スコア」（四〇〇点以下）だった生徒のうち、男子は女子の一・五倍。一方、「高スコア」（六〇〇点以上）をとった生徒のうち、女子は男子の一・二倍でした。

この現象を説明しようと、多くの人たちが性差にかかわるいろいろな仮説を立てているようです。ある人は、男子は「ヒップホップ系音楽からの悪い影響を受けているから」と言い、またある人は「ビデオゲームの弊害だ」と言います。

注目すべき仮説もあります。それは、米国のケン・ヒルトン氏の説。彼は「教育レベルの高い家庭出身の男子に限って集計すると、彼らの読解力得点は女子と同じである」という事実から、「その背景には、教育レベルの高い家庭では父親が読書をすることが多く、その姿を日常的に男子が目にするため、『読書はオンナがするくだらないこと』というような先入観を持ちにくいから」と説明しています。

ただし、ヒルトン氏の仮説で、すべての現象が説明できるわけではありません。

二〇〇〇年と二〇〇三年の調査結果を比較すると、日本の生徒の読解力平均点は、なんと二四点も下がっています。これは、すべての参加国中でも最悪の低下率であり、結果として、日本の平均点はOECD加盟国平均とほぼ同じレベルになってしまいました。日本の生徒の読解力は、韓国、フィンランド、香港などよりはるかに下、という状況になっています。

なぜ、こんなに低下してしまったのか？　鍵は、子供が自分の楽しみのために読書する時間にあります。

二〇〇〇年の調査では、日本の生徒が自分の楽しみのために読書する一日当たりの時間は、ＯＥＣＤ加盟国中、最短でした。メキシコ、ブラジルよりも短かったのです。そして、日本の生徒の実に五五パーセントが、「娯楽としての読書はしない」と回答しています。ちなみに、この点についてのＯＥＣＤ平均は、女子で二三パーセント、男子で四二パーセントでした。

これらの数値からは、子供に読解力をつけるには、読書を楽しむ習慣を身に付けさせることが重要であるということ、その最良の方法のひとつが、親自ら「読書している」姿を子供に見せることだと読み取れます。

●親子の会話に国境なし

子供の読解力と読書の間の相関関係以外にも、ＰＩＳＡテストからはユダヤ式「天才」教育のレシピの有効性を示す情報が読み取れます。

二〇〇〇年実施のＰＩＳＡテストでは、通常の問題のほかに、家庭生活についての質問も設定されていました。質問の項目は、次の通りです。

・文化的活動の有無：昨年一年間で、博物館、美術館、オペラ、バレエ、オーケストラコンサート、舞台劇の鑑賞などに、家族で何回行きましたか？
・文化的情報の有無：家に、小説（実際に題名の例示あり）や詩などの本、絵画に関する本はありますか？
・文化的コミュニケーション：政治・社会関連の問題や、本について、映画・テレビ番組について、クラシック音楽について、親とどれくらいの頻度で会話を交わしますか？
・社会的コミュニケーション：学校での活動について、親とどれくらいの頻度で会話を交わしますか？　どれくらいの頻度で家族全員で夕食をとりますか？　両親とどれくらいの頻度で会話を交わしますか？

右の項目中、本などの「所有」を問うもの以外の質問はすべて、「全くない」「一年に数回」「一ヵ月に一回くらい」「一ヵ月に数回」「一週間に数回」といった選択肢からの択一法が取られていました。

気になる日本の生徒の数値ですが、「文化的コミュニケーション」については平均に近い結果でしたが、なんと、それ以外のすべての項目でOECD平均を下回っていたのです。

各国別で集計した結果、右の家庭生活四項目において上位二五パーセントに入る結果を出した家庭出身の生徒は、読解力・計算能力において、下位二五パーセントの生徒よりも、はるかに高い点数を獲得したことが確認されています。

日本だけの集計を分析すると、右のうち「文化的コミュニケーション」および「社会的コミュニケーション」で高得点を上げた家庭出身の生徒が、読解力・計算能力の得点が高い傾向がありました。つまり、家庭で日常的に、学校であったこととか、文化的なことについて会話をしている生徒は、点数が高かったということです。

そして、そのような生徒は、この二つの項目で下位二五パーセントに入った家庭出身の生徒より、読解力で平均五〇点以上高い点数を上げていることがわかっています。また、

「文化的活動」「文化的情報」で高い得点を上げている場合も、平均値が三〇から五〇点高くなっています。

この五〇点、実はとても大きな差となります。

たとえば、あなたの子供が読解力テストの下位二五パーセントに位置していた場合、この「プラス五〇点」で平均まで上がることができます。

また、あなたの子供がすでにトップ二五パーセントに入っていた場合は、この「プラス五〇点」でトップ八パーセントにまで上がることができるのです。

ＰＩＳＡテストでは、「コミュニケーションの有無が、直接読解力のアップにつながっている」とまでは断定していません。ただ、コミュニケーションがさかんな家庭出身の生徒は、より良い成績を収める傾向がある、ということを示唆《しさ》しているだけです。

しかし、両親との会話が多い子供のほうが、より自分に自信を持ち、愛されているという実感を持つ傾向にあるということは、想像に難くないでしょう。そして、その実感は、学校やその他の場面で子供たちを支えてくれるに違いありません。この点は、本書に紹介したインタビューなどを見ても明らかでしょう。

ＰＩＳＡが設定した、先ほどの四項目の質問の内容こそは、まさに、ユダヤ式「天才」

教育のレシピの中で何世紀にもわたって受け継がれてきたものです。

そして、これらの中でももっとも大事なのは「コミュニケーション」。たとえあなたにお金がなくて、毎週子供をバレエや美術館に連れて行ってあげられなくても、子供との会話は毎日できますし、おまけに無料です。

ですから、これまでお話ししてきたレシピは「普通の日本人でなくてガイジンのためのものじゃない?」などと心配しないでください。PISAのデータをご覧になれば、このレシピが誰にでも、どこでも、日本でも効く、ということがおわかりになると思います。

第3章　子供が発する危険信号と「六つの特性」

子供が発する一〇の危険信号、親が犯す一〇の間違い

第2章で紹介した七つのレシピが有効であることが、頭でわかっていても、親だって人の子です。子供の将来を思えばこそ、ついつい何かを強制することもあるでしょう。もしくは、自分の抱えるストレスを、うっかり子供に投げつけてしまうかもしれません。

「自分の子供に問題があるのかどうか、わからない」
「レシピを実行しているとき、子供の状態をいちはやく知る方法はないの?」
「自分の子育てが正しい親バカなのか、それとも、ただの放任になってしまっているのか、客観的に知る方法はある?」

そんな疑問には、ユダヤ人科学者でカーネギー・メロン大学教授、ロジャー・シャンク博士の著書『Coloring Outside the Lines』(邦訳は『子どもを伸ばす6つの大切なこと』講談社刊)が参考になります。

この本の中で博士は、「子供が発する危険信号」としていくつかの点を挙げています。要約すると、次に挙げる一〇の状況が「子供が発する危険信号」になるようです。

次の一〇の状況のうち、ひとつでも当てはまるものがあったなら、家庭教育について見直す必要がある、とシャンク博士は述べています。また、そのような状況を見つけるのは早ければ早いほどいいでしょう。

●子供が発する一〇の危険信号

①テレビ番組などの受け身の娯楽以外には、興味がない。
②成績と学校に、ストレスを感じている。
③どの教科であっても、宿題が大嫌い。
④失敗を恐れ、リスクを取ることができない。
⑤行動パターンを変えない。
⑥自分の考えを言葉で表現できない。
⑦大志に欠ける。

⑧簡単に諦める。すぐに投げ出す。
⑨自分のアタマで考えることができない。
⑩質問ができない。

（『Coloring Outside the Lines』より著者が抜粋、編集）

右のような危険信号をすばやくキャッチして手当てするには、第2章の〈レシピ2〉（五七ページを参照）に戻って、「子供を観察する」ことにつきます。それにつけても、「危険信号」を発する若者や子供たちが、このごろ増えているとは思いませんか？では、危険信号が現れたとき、どう対処すれば良いのでしょう？

第2章でお話しした七つのレシピを、もう一度思い出してください。

- 過度に勉強を強制していないか？
- 良い成績を取れとプレッシャーをかけていないか？
- 他人と比較しなかったか？

親の態度を振り返ってみることも大切でしょう。

参考までに、危険信号ごとに、その原因と対応を探るヒントを列挙します。

①テレビ番組などの受け身の娯楽以外には、興味がない。

〈思い当たるフシ〉

・無制限にテレビを見させていませんか。
・子供の周りに本は十分ありますか。
・子供に上質な情報を与えていますか。
・子供をいろいろな場所に連れて行っていますか。

〈対処のヒント〉

・〈レシピ3〉（六二ページを参照）「選び抜いた本物の情報だけを与える」を思い出してください。情報たれながし状態のテレビは、このステップに反します。
・テレビの視聴時間、ビデオゲームのプレイ時間、インターネットの利用時間は制限しましょう。
・子供をいろいろな場所へ連れて行きましょう。

②成績と学校に、ストレスを感じている。

〈思い当たるフシ〉

・いつも「勉強しろ」「いい成績を取れ」と言っていませんか。
・成績が悪かったとき、ひどく叱りませんでしたか。
・学校でいじめにあっていませんか。

〈対処のヒント〉

・成績の良し悪しをもとに子供を叱りつけるのは、やめましょう。
・成績が悪かった場合は、なぜ悪かったのか、今後どうすればいいのかを、子供と話し合いましょう。
・学校で起こっていることを子供に尋ねましょう。〈レシピ2〉に立ち返り、毎日の子供の表情を読み取る努力をしましょう。
・何があっても両親は子供の味方だ、ということを、さりげなく伝えましょう。

③どの教科であっても、宿題が大嫌い。

〈思い当たるフシ〉

・「基礎学力がない」↓「わからない」↓「楽しくない」↓「勉強しない」↓「ますますわからない」……という悪循環にはまっていませんか。

・「宿題をしろ」と口やかましく言ってはいませんか。

〈対処のヒント〉

・「わからないから楽しくない」のであれば、どの時点でわからなくなったのか、子供と一緒に探りましょう。

・子供の「警察官」になっては、信頼を得ることができません。宿題をしろとやかましく言うのはやめましょう。

④失敗を恐れ、リスクを取ることができない。

〈思い当たるフシ〉

・「それをするのはまだ早い」「失敗するから挑戦するな」「怪我《けが》するから、そんなことはやめろ」……こんなことを、日常的に子供に言っていませんか。

・失敗したとき、子供を叱ったことはありませんか。

〈対処のヒント〉

・失敗を叱るのはやめましょう。

・怪我の危険性が低いことであるなら、子供が新しいことに挑戦するのを励ましましょう。

・小さくてもいいので、成功体験を積ませましょう。年齢に応じて、小さなことから「やったことがないこと」に挑戦させ、成功したときには褒《ほ》めてあげたらどうでしょう。

⑤行動パターンを変えない。

〈思い当たるフシ〉

・子供をいろいろな場所に連れて行っていないのではないですか。

・子供が挑戦したいと言ったことを、禁止しませんでしたか。

・生活するうえでの時間割りを、口うるさく強制していませんか。

〈対処のヒント〉

・子供と一緒に外出する機会を増やし、ハプニングを楽しむ方法を教えましょう。
・新しい経験を提案し、子供が拒否した場合は、その理由を聞いてみましょう。

⑥自分の考えを言葉で表現できない。

〈思い当たるフシ〉
・子供の周りに本は十分にありますか。
・家族で会話をしていますか。
・子供が発言したとき、「くだらない」とか「なんでそんなことがお前にわかるのか」などと拒絶したことはありませんか。

〈対処のヒント〉
・子供の発言を無視したり、拒絶するのは絶対にやめましょう。
・子供の周りに十分に本を置き、自然に読書する環境を作りましょう。
・第2章の〈レシピ4〉（七〇ページを参照）に立ち返り、家族のコミュニケーションの輪を作りましょう。

⑦大志に欠ける。

〈思い当たるフシ〉

・子供が夢を語ったとき、それをバカにしたり拒絶したりしたことはありませんか。

・子供に上質な情報を与えるために、いろいろな場所へ連れて行っていますか。

・子供が好きなことをやめさせたことはありませんか（ミニカー集め、鉄道・飛行機の観察など）。

〈対処のヒント〉

・第2章の〈レシピ3〉を参考に、子供をいろいろな場所に連れて行きましょう。

・大人から見てくだらないものでも、否定するのはやめましょう。

・子供が夢を語ったときには、大いに褒めてあげたらどうでしょう。

⑧簡単に諦める。すぐに投げ出す。

〈思い当たるフシ〉

・テレビやビデオゲームなどの、受け身の娯楽を無制限に許していませんか。

・プラモデルなどの時間がかかる娯楽や、楽器の練習中などに、「早く宿題をしなさい」などとせかして子供のやる気を削《そ》いでいませんか。
・過去に、子供が好きなことをやめさせたことはありませんか。
〈対処のヒント〉
・危険信号①（一〇七ページを参照）に立ち戻り、情報選択を行いましょう。
・〈レシピ２〉に立ち戻り、とにかく子供を観察しましょう。子供が何かに興味を持ったら、本を与えて「学習の仕方」と「学習の楽しさ」を教えましょう。

⑨自分のアタマで考えることができない。

〈思い当たるフシ〉
・子供の発言をさえぎったりしていませんか。
・詰め込み教育をしすぎていませんか。考える時間を子供に与えていますか。
〈対処のヒント〉
・〈レシピ４〉に立ち戻り、親子のコミュニケーションの輪を作りましょう。子供が意見を述べ始めたら、その姿勢を褒め、励ましましょう。
・危険信号①に立ち戻り、情報選択を行いましょう。

⑩質問ができない。

〈思い当たるフシ〉

・「先生の言うことをよく聞け」「学校ではおとなしくしていろ」と強制していませんか。

・子供の質問に、「うるさい」「あとで」などと雑な対応をしていませんか。

〈対処のヒント〉

・「先生に質問しておいで!」と言って、子供を学校に送り出したらどうでしょう。

・子供が質問したら、まずはその姿勢を褒め、できるだけ時間をかけて答えるようにしましょう。

・子供の質問に答えられなかったら、一緒に答えを探そうと提案したらどうでしょう。

もう一方で、親が自分の間違いをチェックする方法はないのでしょうか。これについても、シャンク博士が良いアドバイスをしてくれています。

以下の「親が犯す間違い（危険信号）」リストは、子供が危険信号を発している場合、またはそれ以前に、親が自分を振り返るヒントとなります。

●親が犯す一〇の間違い

①子供と一緒に食事をとることが少ない。
②子供と一緒に旅行に行く（もしくは遠出する）ことがほとんどない。
③子供と一対一で接することが少ない。
④子供が何に興味を持っているのか知らない。
⑤子供の話を聞くより、子供に話をしている時間のほうが長い。
⑥「良い成績を取れ」「勉強しろ」と子供にプレッシャーをかけている。
⑦子供の意見を「くだらない」とさえぎる。子供が質問に来ても「あとで」と拒絶する。
⑧子供に「それをするにはまだ早い」と言って、挑戦を諦めさせがちである。
⑨親が興味のある、もしくは親が職業としている分野に「子供も興味があるにちがいない」と決め付けている。
⑩教師について子供が不満を表しても、教師に抗議したりしない。

（『Coloring Outside the Lines』より著者が抜粋、編集）

これら一〇項目に思い当たることはありませんか？

もしかしたら、あなたが該当してしまったポイントは、あなたの親も該当しているポイントかもしれません。この点に思い当たることがあったなら、子供を励ます上で障害になる「悪しき伝統」を、あなたの代で断ち切るべきでしょう。

親が、右のリストにあるような行動を、繰り返し子供に対してとっていれば、子供はそのうち危険信号を発するようになるでしょう。我が身を振り返り、子供が本当に頭の良い子になるのを阻《はば》んでいないか、立ち止まって考えてみることが必要なようです。

ここで、以下のような疑問を持った人もいるかもしれません。

・日本の文化はアメリカなどの外国文化とは違う。
・日本の子供には、ある程度の成績へのプレッシャーとストレスが必要だ。
・「成功」の概念が、日本と外国では違う。
・子供は日本社会で成功すればいいのであって、外国で成功する術《すべ》を学ぶ必要はない。

これらの疑問は、ある意味正しいかもしれませんね。

そこで、これらの疑問を持った人に質問します。

まず最初に、成績へのプレッシャーとストレスについて。
・あなたは、親からプレッシャーやストレスを与えられてきませんでしたか？
・与えられていた場合、嬉しかったですか？
・そのプレッシャーやストレスは、何かを理解するうえで役に立ちましたか？

次に、成功の概念と競争について。

現在のあなた自身のことを考えてみてください。競争の場と相手企業が、日本国内から世界へと広がっていることを、痛いほど感じているのではないでしょうか。もしもあなたが英語が苦手なら、その点に劣等感を持ったことがあるのかもしれません。それは、あなた自身が、競争上、英語が必要だと認めているということで、つまりは、競争そのものが国際的になっていると感じているということでもあります。

だからといって、幼いうちから子供に英語教育を受けさせる必要はないと思います。ただ、競争相手は世界だということをしっかり認識することは、非常に重要です。その上で、子供に世界に通用するレベルの「本当の力」を付けさせないと、あとでとても後悔することになるでしょう。

頭の良い子が持つ「六つの特性」

では、世界に通用する「本当の力」とは、一体何なのでしょう？
それは、究極的には以下のものでしょう。

- 自分が本当にやりたいことを、自分で見つけることのできる力。
- 本当にやりたいことのために、学習し続けることのできる力。

これら「本当の力」を身に付けている子供が持つ「六つの特性」を、シャンク博士は次のように定義しています。

「本当に頭の良い子」が持つ六つの特性とは、

1　言語能力
2　独創性
3　分析能力
4　忍耐力
5　大志
6　好奇心

右の特性を、子供は、学校教育で身に付けることはできない。

（『Coloring Outside the Lines』より著者が抜粋、編集）

誰でもよいので、「成功した人物」を思い浮かべてみてください。その人は、この「六つの特性」をみごとに全部、持っていませんか？

思い願うだけでは、成功はできません。どの分野にあろうとも、成功するためにはシャンク博士の定義する「六つの特性」を持った上で、日々精進することが必要です。

そして、博士の指摘通り、これら六つの特性は、学校まかせにしていては身に付けることができません。家庭教育や日常のくらしの中でこそ、身に付けることができるのです。

つまり、子供が成功するに足る「本当の力」を身に付けられるかどうかは、親であるあなたの両肩に掛かっているのです。

もちろん、成功の概念は、人それぞれです。

しかし、あなたにとっての成功が「億万長者になること」で、「子供には大金持ちになってほしい」と願っているのであったとしても、先ほどの「親と子の二〇の危険信号」リストと「六つの特性」は参考になります。

なぜなら、人間は本当に好きなことをやっているとき、大成する可能性が高くなるから。大成すれば、お金は自然についてくるでしょう。本当に好きなことを見つけることができれば、成功への道を一歩踏み出したも同然なのです。

そして、あなたの子供が、もしも世間的な評価としては「大成」できなくとも、自分が好きなことを生業《なりわい》にできたなら、きっとハッピーに生きていけるに違いありません。

ハッピーであることと、成功することは、とても近い関係にあるのです。

もしも親であるあなたが、「賃金が良いから」「社会的な信用が高いから」「見栄《みば》えがいいから」「親である自分が自慢できるから」という自分勝手な都合や理屈で、子供に特定の職業、たとえば医者になれなどと押し付けたらどうでしょう。

子供は、あなたに愛されたい、評価されたいと願うあまり、あなたの言うとおり医師になり、結果として社会的に成功するかもしれません。しかし、医師という職業がその子にとって本心から望んだ職業でなかった場合は、内面に恒久的なストレスを抱えこむことになります。それでは、本当にハッピーだとは言えません。

あなたの周りをご覧ください。

自分が本当にやりたいことを見つけられず、もがき苦しむ人がどれだけ多いことでしょう。若者の間でも「自分探し」と称して、世界中を放浪する人、定職につかない人が多いと聞きます。

自分が本当に好きなこと、やりたいことを見つけられれば、それは成功したのも同じ。そして、自分が本当にやりたいことをしていれば、子供は必ずハッピーになれる。ユダヤ式「天才」教育が目指す点は、このことに尽きます。

いつから始めて、いつ終わるのか

この辺で、もしかしたらもうひとつの疑問が湧いてきたかもしれません。これはまさに、前述のヨーコさんから出された質問です。

「ユダヤ人の教育レシピ、とてもよくわかりました。でも、これって、いつ始めて、いつまで続けていればいいの？　中学校まで？　高校卒業まで？」

この質問にユダヤ的な答えを出すとしたら、「一生」。

始めるのは、早ければ早いほどいいでしょう。子供が文字を覚える前から始められれば、それに越したことはないですが、遅くても大丈夫。五歳からでも一〇歳からでも、遅すぎることはないと思います。

とくに、「親と子の二〇の危険信号」リストを使って振り返ることは、子供が大きくなってからでも必要ではないでしょうか。

子供が成人して巣立ったあとは、〈レシピ1・2・3〉は不要かもしれません。レシピにそって子供を見つめてきたあなたの子供なら、成人したときにはすでに、自分が本当にやりたいことを見つけ、力強く羽ばたき始めていることでしょう。

このユダヤ式「天才」教育のレシピは、いわゆる教育テクニックではありません。あくまでも、国際的な競争力を持つ、本当に頭の良い子を育てるための「伝統」なのです。一般的なユダヤ人の家庭では、子供が生まれたときから、その子が巣立ち、離れていくときまでずっと続きますし、もちろん、「親バカ」自体は、親と子が生きている限り、永遠に続きます。

この伝統があなたの家庭に根付けば、あなたの家系から、未来永劫《えいごう》、個性豊かな優れた人物が輩出《はいしゅつ》していくことでしょう。そして、いったん「伝統」になってしまえば、実行はそんなに難しくはないはずです。あなたがやったように、あなたの子供がその伝統を受け継いでいく、ただそれだけです。

あなたから始まり、続いていく家系から、天才肌の人物、優秀な人物、世の中を豊かにする発見をする人々が、続々と生まれてくる。そして、皆が本当にやりたいことを見つけて、イキイキと暮らしている。あなたがそのスタート地点になる。そう考えただけで、ワクワクしてきませんか？

「ウチの親は、親バカなんだよ」と言うときの子供の目は、いつも笑っているはずです。ちょっと恥ずかしいけれど、両親が無条件に自分を誇りに思ってくれるという自信。この自信こそが、頭の良い子も、そうでない子も直面する、人生の荒波を乗り越えるための活力源になるのだと思います。そして、荒波の先にある、本当の意味での「人生における成功」を、しっかり摑《つか》み取る助けになってくれることでしょう。

レシピを実行して、危険信号に目を配り、六つの特性を無理なく子供に身に付けさせることは、けっして簡単なことではありません。でも、あなたのその努力は、後日に大きな幸せの実となって、あなたの家系に未来永劫受け継がれていくことでしょう。

証言！ スピルバーグ監督の場合

「あの子は、若いころから、いわゆる映画バカでした。売れもしない変な映画を作っては喜んでいました。そして、いつもお金がなくて。……(略)……でも、いつだってあの子は私の誇りでした。あの子に代わる人間はいない。世界にふたりといない特別な人間。だってあの子は私の子供だから」

（スティーブン・スピルバーグの実母、リア・アドラー氏の談話。２００５年４月）

「レシピはムリ」「レシピはムダ」と思った方へ

ここまで七つのレシピを説明してきましたが、このレシピは自分にはムリ、自分の子供にはムダ、と思った人がいるかもしれません。

●レシピはムリ？

「ウチは、子供も親も知的じゃないから、こんなレシピの実行はムリ……」
「特別な人だけのためのレシピじゃないの？」
「もともと遺伝的に頭が悪いから、やってもムダ」

そんなことはありません。どんな家庭でも、このレシピは適用可能です。そして、きっとあなたが驚くほど成果が上がるでしょう。

このレシピで最も重要なことは、

・あなたが子供の行動を見極め、高く評価すること

・評価していることを子供に伝えること
なのです。知的か否かなんて関係ありません。

私は五歳のときから、継父と実母に育てられました。継父は歯医者でしたから、ある程度の教育を受けた人物だったと言えるでしょう。しかし、彼は読書好きではありませんでした。写真を撮ることとジャズを聞くことが趣味で、私たち兄弟よりもずっと物静かな男性でした。口べたで、あまり喋《しゃべ》るのが得意ではなかったので、夕食時、兄弟たちがものすごいスピードで喋りまくるのを目を丸くして、感心して眺めていたこともあります。私がこの継父を、きっぱり「父」と呼ぶのは、彼が私たちを愛してくれたことに少しの疑念もないからです。

本をほしがったり、科学などの課外授業に出たいというと、喜んで費用を出してくれたこと。私たちが興味を持つかもしれないと思えば、遠くまで車を飛ばしてくれたこと。おしゃべりに興じる私たちを、離れた場所からじっと愛情のこもった目で見守ってくれたこと。そして、私たちをいつも誇らしく思ってくれて、他人にも、とても親切な男性だったこと。

子供があなたがついていけないくらい知的な分野に興味を持ったとしても、恐れることはないのです。私の継父が良い例です。

では、反対の場合はどうでしょう。

「ウチの子供は私より知的じゃないみたい。頭が悪いのかも？」
「ウチの子供は私と違って知的レベルが低いみたいだから、レシピはムリ」

もし、あなたの子供が、あなたほど知的な分野に興味を持ってくれなかったら、レシピはムリでしょうか？ そんなことはありません。答えは先ほどと同じです。七つのレシピは適用可能です。

子供はみんな、必ず、何かに好奇心と興味を持つように生まれて来るのではないかと思います。両親の仕事のひとつは、子供がもともと持っている興味や好奇心を、建設的なものにしていく手助けをする、ということではないでしょうか。

だから、興味の対象がスポーツであれ、音楽であれ、ダンスであれ、はたまたビジネスであれ、その子が本来持っているものを伸ばしてやればいいのだと思います。

まずは、レシピに従って環境を整え、子供を見つめるステップから始めましょう。子供が思いのたけを自由に表現できる雰囲気を作り、学習に適した環境を作ってあげましょう。そうすれば、遅かれ早かれ、花が開くことでしょう。

●レシピはムダ？

頭脳労働だけが職業では、もちろんありません。最近よく目にする光景に、いわゆる「勉強」ではなく、子供をアートやスポーツに集中させる教育があります。そのような夢を持つ親子にとって、果たして学習は不要なものでしょうか？


「ウチの子供はプロサッカー選手にしたいから、別に学習好きにしなくてもＯＫ」

「ウチの子供は歌手にするつもりだから、読書も学習も必要ないでしょ？」

「オリンピックのスケート選手にさせるのが夢。勉強はいらないと思う」

「プロ野球選手になって年に何億円も稼ぐようにさせたいのだから、学習は不要」


そんなことはありません。

まずは現実的なことから、考えていきましょう。

あなたが子供につかせたいと思っているその職業は、一体、何万人に一人の割合で一生食べていくに困らない「一流選手」「一流歌手」が生まれるのでしょうか？

あなたの子供が、その「一流〜」になる確率はどれくらいですか？　そして、たとえあなたの子供が一流スポーツ選手になったとしても、志《こころざし》なかばで故障に泣く可能性もありますよね？　その場合はどうすれば良いのでしょう？

たとえ、あなたの夢がかなって、子供がサッカー選手や歌手になったとしても、職業特性ともいえる「キャリアの寿命」という問題がつきまといます。

学ぶことがあまり重要ではないのでは、と思われるような職業は、その職業についていられる時間が比較的短いのが特徴です。代表的なものが、プロスポーツ選手でしょう。二〇代に最盛期を迎えて、三〇代に入れば早くも引退の声を聞きます。でも、あなたの子供の前には、引退後にも数十年も続く人生の年月が待っているのです。

あなたの子供がプロ野球選手や、バレエのプリマバレリーナや、アイドル歌手になったとしても（そうなる確率は非常に低いと思いますが）、彼らの人生の後半、人生の六〇パーセントくらいの年月をどのように過ごすのか、考えておかねばなりません。そして、子供が自分の興味に向かって一心不乱に進んでいる最中でも、人生にはそれ以外のこともあるのだということを子供に繰り返し教え、視野を広げてやるべきだと思います。どの道に子供が進もうと、「学習する方法」と「学習は楽しいのだということ」を子供に教え、人生の岐路《きろ》に立たされたときに備えさせることが大事なのではないでしょうか。

学習の方法と広い視野、さきほどお話しした「六つの特性」さえ子供に備わっていれば、人生の転換点に直面しても、うろたえることなく、新たな「ハッピーのもと」を探して旅を続けることができるのではないかと思います。

証言！ユダヤ人のヒーロー、サンディー・コーファックスの逸話

サンディー・コーファックスは、米国メジャーリーグ史に残る名ピッチャーでした。一九六〇年代、選手としてのピークの時期に三一歳で現役を退きましたが、今も健在で、史上最高の投手のひとりと称《たた》えられています。彼は数少ないユダヤ人スポーツ選手の中で、最も有名な人物です。

サンディーの両親（実母と継父）は、彼がスポーツ選手を職業とすることについ

て、大変協力的だったといいます。しかし、彼が野球選手になった最初の年、さらにはチームがワールドシリーズで優勝したときですら、サンディーは試合の合間を縫《ぬ》って大学に通っていました。

彼は、その鉄腕のみならず、ダグアウトでいつも読書をしていることでも有名でした。その対象は、小説だけではなく、時事問題、社会問題、哲学にまで及んだといいます。

彼の広い視野は、投手としてピークにあるともてはやされた最盛期に引退し、新たな生活を戦略的に構築する勇気を与えました。みじめな引退後の人生を迎えがちなプロスポーツ選手の中にあって、その後は野球解説者や後進の指導につとめ、彼の第二の人生は順風満帆《じゅんぷうまんぱん》なようです。彼は、人生の転換点をうまく乗り越え、かつ、人々の脳裏に「最高の投手サンディー」像を焼き付けることに成功しました。

第4章　「天才」教育が伝えるもの

五人の「天才」が受けてきた教育

第3章まで、ユダヤ式「天才」教育のレシピについて、私（アンディ）自身の幼少時の思い出を交えてお話ししてきました。私は、ユダヤ人が多く住むニューヨーク市周辺で生まれ育ちましたので、この七つのレシピが、ユダヤ人家庭でどれだけ一般的に見られるものか、身をもって知っています。でも、そんな環境になかった皆さんにとっては、簡単に信じることができないでしょうし、また、ムリに信じるべきことでもありません。

ユダヤ人とほとんど接する機会がない皆さんに、このレシピがユダヤ人家庭で非常に一般的であることを、どうやったら理解していただけるか。経済的な状況や、住んでいる町にかかわらず、どれだけユダヤ人の間で一般的なものであるかを、どうしたら信じていただけるか。最も良い方法は、私以外のユダヤ人たちに、彼らの経験を彼ら自身の言葉で表現してもらうことだ、と思いつきました。

本書が出版される何ヵ月も前に、私たち夫婦は、素晴らしい人たちに直接会って、インタビューさせていただく幸運に恵まれました。彼ら五人をインタビュー対象として選んだ理由は、いくつかあります。

まず、私たち夫婦が目指したのは、いくつかの異なる世代から話を聞きたかったということが挙げられます。今回インタビューさせていただいた方々は、最高齢の方で八〇歳代、そして、六〇歳代と五〇歳代からお一人ずつ、四〇歳代から二人、という構成になっています。ある方は幼いころアメリカに移住されてきて、ある方は移民三世です。

次に、インタビュー対象には意図的に、高い社会的成功をおさめた女性を必ず含めたいと考えていました。なぜなら、「女の子に男の子と同等の教育機会を与えるべし」としたのは、現代のあらゆる民族文化の中でユダヤ文化が最初だったからです。男女間の教育機会均等の思想は、ユダヤ文化の核をなす部分でもあります。日本の家庭教育も、近い将来ユダヤ文化と同じ姿勢を持つようになると期待しています。というわけで、今回の対象五人のうち、三人が女性となりました。

私たちは今回、ビジネスで成功・活躍している人を取り上げるのを見合わせました。拙著『ユダヤ人の頭のなか』（前出）でも述べましたが、著者自身、日本の方々が、ユダヤ文化における金銭の重要性について誤解されていることに危惧《きぐ》を感じております。本書にも記したとおり、実際、ほとんどのユダヤ人は頭脳を使って社会に貢献することを、金銭を儲《もう》けることよりもはるかに高く評価します。更に言えば、単に頭脳明晰でいるよりも、寄付などを通じて社会に富を還元することのほうを尊ぶのです。これらのことが、今回インタビュー対象を、ビジネス界からではなく学識経験者から多く選んだ理由です。

しかし、皆さんにもっとも理解していただきたいことは、その社会的な成功にもかかわらず、今回インタビューさせていただいた方々が、日ごろのあなたや、あなたの子供たちと同じチャレンジをしている、という点です。彼らはあなたと同じ人間です。もちろん「天才」教育のレシピ、という言葉は誰の口からも聞かれませんが、両親から与えられたレシピに似通った要素と、深い愛情が彼らを成功に導いてくれたことを、その色とりどりの思い出とともに語ってくれています。

インタビューは、二〇〇五年上半期に行われました。多忙を極めていらっしゃるにもかかわらず、どの方も二～三時間、長い方で四時間近い時間をインタビューに割《さ》いてくださいました。全員の方々が、ご自身の経験とユダヤ式の教育方法を、心の底から喜んで、本書を読んでくださる日本の方々と分かち合いたいとおっしゃってくれました。ページの都合で、すべての言葉を掲載できないのが非常に残念です。

天才たちの記憶が、あなたと、あなたの子供の未来を豊かにしてくれる一助となれば、著者としてとても幸せです。

アラン・ヒーガー

物理学者でありながら、
ノーベル化学賞受賞。異色の科学者

カリフォルニア大学サンタ・バーバラ校教授。物理学者。1936年、米国アイオワ州アクロンに生まれる。2000年に、筑波大名誉教授白川英樹氏、ペンシルバニア大学アラン・マクディアミッド教授と共同で、「伝導性ポリマーの発見と開発」に対してノーベル化学賞を受賞。

インタビューは2005年4月4日月曜日に、米国カリフォルニア州サンタ・バーバラにある、カリフォルニア大学サンタ・バーバラ校の研究所で行われた。

インタビュー予定時刻の直前まで、若い研究者たちがヒーガー氏に教えを請うべく詰め掛けていた。

ヒーガー氏の研究所には、ノーベル賞メダルのほかにさまざまなものが飾られていたが、机の周りにはずらりと家族の写真が並べられていたのが印象的だった。

お孫さんのことに話が及ぶと、写真を指差して相好を崩したり、派手なジェスチャーや絵を交えて研究成果を熱心に説明してくれたり、また、インタビューが母上のお話になると涙ぐまれ、インタビューをいったん中止せざるを得なかったりなど、氏の豊かな人間性にインタビュアーは大変感銘を受けた。

貧しかった少年時代と母の思い出

私は、アメリカ中西部の出身です。アイオワ州のたいへん小さな町、アクロンで幼少期を過ごしました。その町の人口は全部で一〇〇〇人くらいで、畜産業が主な産業でした。

父は一九〇四年に、ロシアからアメリカに移民してきました。たしか画家のシャガールと出身地が一緒だったように思います。一方、母は一九〇八年にアメリカで生まれました。母の両親は、やはりロシアからの移民でした。彼らがどんなふうにしてアメリカに渡ってきたのかはよく知らないのですが、父は苦労の末、地元の小さいスーパーに職を得て、そこで母とめぐり合い、一九三二年に結婚したというわけです。その後、両親は小さい食料品店を購入しました。

父は、私がわずか九歳の時に亡くなってしまいました。父の闘病中と、その死後、母は女の細腕一本で店を切り盛りし、私たち兄弟を育ててくれました。ご想像の通り、私たち家族の生活は豊かではありませんでした。

父も母も大学教育を受けてはいません。どちらも高卒です。でも、母は、とても知的な人で、今日私があるのは母に負うところが本当に大きいと思っています。一九九三年に、母はこの世を去りました。父については、なにぶん子供でしたから、あまりよく覚えていないのですが、でもほら、彼の子供を見れば、彼の遺伝子は結構いいものだったのではないか、と思っています！（笑）

母の話に戻りますが、彼女はとても頭の良い人で、実際、ネブラスカ大学から奨学金給付の申し出を受けたくらいだったのですよ。でも、彼女は奨学金を断ってしまった。なぜなら、極貧の家族を支えて働かなければならなかったからです。大勢の兄弟姉妹の上から二番目でしたので……。

そんなわけで、母は大学へは行かず、家族を支えるために働き出したのですが、いつも、本当にいつも、この奨学金を断ったことを、生涯にわたって悔やんでいました。その結果、大切なものを失ってしまったと感じていたのでしょう。ですから、私がかなり幼いころから彼女は、私に繰り返し繰り返し「大学へ行け」と言っていました。可笑《おか》しいですね、ほんとうに悔しかったのでしょう、「とにかく大学へ行け」と。

正直言って、母は当時、「大学へ行く」ということが一体どんなことなのか、あまりわかっていなかったのではないかと思います。大学で何が学べるのか、その先にはどんなチャンスが待っているのか。わからないなりに、母はよく私をネブラスカ大学に連れて行ってくれて、構内を歩き回ったりしたものです。大学以外には……そう、図書館は、いつも身近にあったので、もう生活の一環というか、そんなに特殊なものではなかったですね。

父が亡くなった後、私たち一家はオマハ市に引っ越し、市内の普通の高校に入ったわけですが、卒業後、私は母がよく遊びに連れて行ってくれた、例のネブラスカ大学に入学しました。

今思えば、もっとましな大学に行けたのかもしれません。お金はなかったけれど、もっといい大学を見つけて、そこの奨学金をとって……とやれば良かったのかもしれない。でも、私はとにかく無知で、その手のことを何も知りませんでした。あの当時は、入学できたことに大変満足でした。そして、ネブラスカ大学でそのまま四年を過ごしたわけです。

天職探しの旅へ

もともと私は科学や数学が好きで、大学でもその分野を専攻しようとぼんやり思っていたのですが、では、それらを一生やり続けるかということについては、疑問を持っていました。大学に入ったのは一九五三年。「何が自分に向いているのか」「自分は一体、何が好きなのか」といったような、若者特有のナイーブな悩みを持つ時期だったのでしょうね。

でも、とりあえず物理には興味があった。そこで私は、当時の物理学の教官に、こんな質問をしてみたのです。

「物理学者になるには、どんな資質が必要なのですか?」

私が想定していた答えは、「賢くなければいけない」とか「数学ができないといけない」とか、まあ、そんなものでした。なのに彼の答えは、

「英語（国語）が良くできることだよ」

でした。

「コミュニケーションが良くできないと、科学の分野では成功できないんだよ」と。これは、とても面白い、興味深い回答だと思いませんか?

結局、私は物理学と数学を専攻しました……。

ノーベル化学賞を取ったことに関して言えば、私は化学など、ただの一度も専攻したことはないのです。化学の単位など、大学の一般教養のレベルすら、ひとつも持っていません。だって嫌いだったんです、化学は。だから、私に化学の質問をするときは注意したほうがいいですよ。

わからないことがあったら、わかる人と組む。コラボレーションです。そして学ぶ！

大学三年目に、原子理論のコースを選択。これが実に面白かった。当時の教官ジョーガンソン氏は、既に結構お年を召していました。私がノーベル賞を取った二〇〇〇年に、彼は九二歳でしたから。先生のコースは、とにかく信じられないくらい素晴らしくて、原子理論にとどまらず、いろいろなことがテーマにのぼったのですが、今でも壁にぶちあたると、このコースで学んだ基本概念を思い返すくらい、私の人生に大きな影響を与えてくれました。

その後、大学院に進み、大学院二年目でコーネル大学に移りました。

コーネルにいたのは、ほんの短い期間でした。というのも、結婚して、お金が必要だったので、三年目を残したままカリフォルニア州パロアルト市に移り住むことになったのです。そこでパートタイムの研究職を得たのですが、本格的な研究への思いやみがたく、一年後の春、私は、カリフォルニア大学バークレー校の博士課程に入学するテストを受け、学生に戻りました。右往左往です。

ちなみに私は、博士号（ドクター）は持っていますが、修士号（マスター）は取っていません。資格を取るに足りる授業は受けていたのですが、マスターを取るという「紙」にサインをしなかったからです。

博士課程に入って学校に戻った最初の日のことは、今でもよく覚えています。研究所に入って、「あ、これだ！」と。ああ、自分は研究がやりたかったんだと、やっと自分の居場所が見つかったような感じでしたね。

当初の研究は、後日ノーベル賞を取った分野とは、全く違うものでした。じゃあ、どうやって全く違う分野でノーベル化学賞を取るまで、変わっていけたのかって？　簡単です。新しいことを知ったら、それを学んでいく。それはユダヤの伝統でもあります。

それに、ここだけの話、大学院を出たからといって、ものを知っているわけではないのですよ。自分が専攻した分野についてだってそうです（笑）。私なんて、自分が大学で教える立場になったときにすら、「おっと、知らないことだらけだ！」と思った（笑）。そして、学ぶわけです。教えるとは、学んでいく経験をいうのだと思います。

一九六二年に博士号を取った後、ペンシルバニア大学の物理学部に移りました。そこで私は、再び「火をつけられ」ました。とにかく、周りの人々が素晴らしかった。たとえば、ジョン・シュリファー[※1]、私より六歳くらい年上だと思いますが、すでに彼は有名でした。なんでこんなことを持ち出すのかというと、およそ科学の分野で一流になるには、ある種「良いセンス」を身に付けることが必要なんです。ここでいう「良いセンス」とは、科学の世界に存在する数え切れない難問の中から「センスの良い」課題を見つけることです。私は、シュリファー氏からこの点を、本当に学んだ。

それと同時に、この時期、私は自分がやっていることを、やっと理解し始めたのです。そして、自分の課題に選んだのが、「有機物で単次元伝導体を実現できるのではないか」というテーマでした。

ノーベル賞受賞と日本人の戦友

私が金属ではなく「有機」にたどり着いたのは、つまり、金属が三次元の伝導性を持つのに対し、有機物は長いチェーンのようにつながった構造を持つので、一方向の伝導性を持ちうるからです。で、発想は素晴らしかった。それに、コンセプト的にも構造的にもとてもシンプルです。でも、当時この構造を持つ有機物として対象になっていたのは高分子ガスでした。ガスですから取り扱いが難しいし、危険。そこで、安定した素材を確保することが、重要な課題になりました。その研究には、かなりの期間を要しました。一九八〇年代、たくさんの世界中の化学者がこの研究に興味を持ち、より良い素材を探し出そうと試みました。光が見えたのは、一九九〇年代に入ってからです。

この素材を確立したのが、後日一緒にノーベル賞を受賞した日本人化学者、白川英樹さんです。彼によって基礎が作られなかったら、私たちの研究はあんなにも急速に進まなかったでしょう。

白川さんは、私に言わせれば、本当にすごい男ですよ。

私たちの研究が始まった一九七〇年代、彼は重合アセチレンについての研究をしていました。それが、当時考えうる最も単純なポリマーだったからです。このポリマーは、黒いパウダー状のものでした。白川さんはずっと、この重合アセチレンについて研究していたわけですが、あるときそんな白川さんのもとを、韓国からの研究者が訪れました。たぶん言葉の問題があったからだと思うのですが、重合アセチレンを精製しようとしたとき、この人物が必要な濃度の一〇〇〇倍もの触媒を加えてしまった。この結果、精製されたのは、さらさらの綺麗な黒色パウダーではなくて、なんだか不気味なジェル状のものだった。そのとき、それを見た白川さんの反応は、「へえ、これは面白いな」。普通の科学者だったら、「なんだこれは！　オレが言ったとおりやり直せ！」と叱るところです。でも、白川さんは韓国人研究者を一切叱らなかった。そして、白川さんはこの妙なジェルに興味を持ち、研究を進めた結果、美しいポリマーフィルムを発見することになったのです。

白川さんの研究に魅せられた私たちは、彼を米国に招きました。

彼は、違うと思ったことは、きちんと発言する。たとえばある朝、私は彼に、金属絶縁体について教えようと話を始めた。

「これが、最も単純な金属絶縁体の基本配列だ、ここにチェーンのように水素があって……」と説明し出したのですが、白川さん、言下に「違うよ」と。曰《いわ》く「そんなもの存在しないよ」というのです。自分の考えを、実にはっきりと伝えるのです。分野違いの物理学者の私が説明しているのだから、ふつうは、遠慮しますよね。ともかく、彼は本当に面白い、素晴らしい男ですよ。

当時、白川さんはまだ、研究者としては駆け出しだった。その時代に、私たちと行動を共にすることは、彼にとって大きなリスクでもあったのです。日本の研究者のヒエラルキーの中で生きていかなければならないのに、彼はまだ若くて、周囲からの重圧もあった。でも、彼は、とてもオープンだった。白川さんは、リスクをとるということに勇敢でいらっしゃったわけです。そして、リスクをとるということが、どんなことを意味するのか、よくわかっていた。訳もわからずオープンであったわけではないんです。素晴らしい友と素晴らしい課題を得て、私たちは力をあわせてノーベル賞を勝ち取ったわけです。

話す・本を読む・質問する

私には二人の息子がおります。妻は医療技術分野でキャリアを積んできました。

上の息子ピーターは、いったん医師になった後、自分で奨学金を取って大学に戻り、免疫学者になりました。これは、私のせいなのです。ピーターが進路に迷っていた時期、私は科学者としてとてもつらい時期にありました。つまらないことに悩まされて、研究もうまくいかず……で、ピーターに対して、「科学者になんてなるな、医学に進め」と言ってしまった。彼は私の忠告を受け入れ、とてもいい医者になりました。でも、彼は、医師になってもいずれはそれに飽きるときが来るだろうと、心のどこかで思っていたのだと思います。結局、彼は免疫学者になりました。今では、免疫学者として活躍しています。

二番目の息子デイヴィッドは、コンピュータ・サイエンスで博士号を取った後、心理学に専攻を変更して、心理学研究では米国で最も権威あるニューヨーク大学の心理学部に移り、現在に至っています。現在、彼が研究しているのは、ファンクショナルＭＲＩという分野ですが、これは、活動中の脳機能をＭＲＩを使って分析するものです。

息子たちが子供のころの話ですか？　そうですね、我が家の食卓は、常にディスカッシヨンの場だったわけですが、会話の大半は、科学についてでしたね。たとえばあるとき、会話に円周率の話が出ました。そう、π《パイ》です。それで、「パイって一体何だ?」ということになった。「なんでも、三・一四とか数値が決まっているけれど本当か? ヨシ、測ってみよう!」と。で、私たちは台所にあった皿という皿を持ち出してきて、円周の長さを測って直径を測って、ということをやったわけです。そしたら、計算した値がみんな三・一四だった。それで子供たちは、「ほんとだ!」と。そんなことを、よくやりました。

息子たちに、積極的に何かを教えた記憶はありません。もちろん、彼らが子供のころは、いつもいつも本を読んでやりましたが。

本の量ですか? 我が家は、私が子供のころから本だらけです。本というものは、常にたくさん、周りにおいておくべきものです。

家族とは、とにかく何でもかんでも議論しましたね。それは今でも続いています。あと、家族でスキーを楽しむのも伝統になっています。必須行事。今では、孫たちともスキーを楽しみます。ときには、子供たちと一緒に研究することもあるのですが、そのネタが生まれるのは、いつもスキーリフトに一緒に乗っているときです。今なにをやっているんだ、こんなアイディアはどうだ、ああでもないこうでもない、と。それで、一緒にやろうと話がまとまると、「じゃあ、お前が最初のドラフト（草案）を書けよ」と。すると息子が、「いやだよ、お父さんが書いてよ」と言い返してくる。

我が家に教育方針があったとすれば、子供を「子供扱い」したことがない、というくらいですかね。

ああ、そうそう、家庭教育ということでいうと、母親の存在が最も重要ですね。それと、ユダヤの伝統を守ること。

ちなみに、個人的に、ユダヤ教を信じたことは、いっぺんもないです。小さいころ私の大好物は、何とハム[※2]（笑）。宗教は、いつも身の回りにあって、普通のもので、ただし深度は各人次第。というか、伝統も、常に共にある。そんな感じでしょうか。ユダヤ人としてのアイデンティティーは強く持っているつもりです。でも、宗教心は薄い。

ユダヤの伝統として「質問をする」ということがあります。

質問、質問、質問！　これは、とても大事。わからなかったら、訊《き》くこと。でも、いつもいつも、というわけではありませんよ。「変人だ」と思われない程度を保つことは重要です（笑）。でも、相手を尊敬するということが、イコール「質問をしない」ことではないのですよ。尊敬を示すためにも、質問をすることは有効です。

そして、最も重要なのは、「正しい質問を探し出すこと」！

私の話が皆さんのお役に立てることを、祈っております！

※1　John R. Schrieffer：物理学者で、ノーベル賞受賞者。
※2　ユダヤ教では、ハムの材料である豚肉の食用は禁じられている。

アンドレア・ゴールドスミス

電子工学分野への
女性科学者進出のパイオニア

スタンフォード大学電子工学教授。カリフォルニア大学バークレー校にて、1986年に学士号、1991年に修士号、1994年に博士号を取得。

1994年から1999年まで、カリフォルニア工科大学（CALTECH / California Institute of Technology）で電子工学助教授を務めた後、スタンフォード大学に移籍。研究対象はワイヤレス・ネットワーク、コミュニケーション理論など。1995年より『IEEEワイヤレス・コミュニケーションズ・マガジン』編集者も務める。

10代なかばで完全に自立し、女性の少ない工学を専攻するなど、非常に独立心の強い人物。ユダヤ人の夫との間に２人の子供をもうける。インタビューは2005年４月18日に、スタンフォード大学内のゴールドスミス氏の研究所にて行われた。

氏の母は、1960年代にヒットした有名アニメシリーズ『Rocky and Bullwinkle』（邦題『空飛ぶロッキーくん』）のアニメーター、父は大学教授であった。母が手がけたアニメシリーズに登場する美人ロシアスパイ「ナターシャ」の容姿が、本人にそっくりだと当時言われたそうだが、娘のゴールドスミス氏自身にもとても似ているのは興味深い。

両親との距離、学者への道

生まれたのはカリフォルニア州のバークレーで、一九六四年生まれです。その後は、幼いころのほとんどをロサンゼルス近郊で過ごしました。

父は、カリフォルニア大学バークレー校の工学教授でした。母はアニメーターで、有名なアニメを製作していました。両親は私が幼いころに離婚して、その関係で、母と共にロサンゼルスに転居しましたが、父はバークレーでずっと教授を務めていました。母はその後もずっとアニメーターとして活躍しました。

私の父は、いわゆる「ホロコースト・サバイバー（第二次世界大戦でのホロコースト生存者）」です。父は一人っ子だったのですが、両親をホロコーストで亡くしました。彼は生まれ故郷のドイツをたいへん愛していましたが、一三歳のとき、最後の難民船で米国へ単身逃れてきたのです。彼の父、つまり私の祖父は、セールスマンだったようです。一方、母の両親はどちらも米国生まれです。もともと先祖は父方・母方とも出身はロシアだったようです。母の母は典型的なユダヤ女性といった感じの人でした。母の父は会計士だったと聞いていますが、会ったことはありません。

大人になった今では、父とも緊密に連絡を取り合うようになりましたが、以前は距離がありました。父は典型的な学者タイプで、仕事に没頭していたうえ、元来、子供の扱いが苦手だったことと、おそらくはホロコーストを逃れてきたことや結婚に失敗したといったような心の傷が邪魔になって、子供に接することが苦手だったようです。ですから、幼いころは、父と会うのは兄と一緒に年に一～二回、といったところでした。そんな具合だったので、子供のころには父とあまり接点がなく、将来のこととかキャリアとかいったことに彼の影響はあまり受けなかったですね。私が工学の道へ進んだのは、偶然の一致なのだと思います。

父と再び接点を持ち始めたのは、私が一〇代後半のころだったと思います。きっかけは、父があるときギリシャに赴任《ふにん》することになり、当時私は一七歳で自立して暮らしていたのですが、父に誘われて一緒にギリシャに一年滞在したのです。そのギリシャでの暮らしで、父ととても親密になることができました。

私の初期教育は、紆余曲折《うよきょくせつ》そのものです。高校へ入ったものの一五歳で中退。その後短期大学に入ったのですが、父とギリシャに渡ったのでそれも中断。ヨーロッパ滞在中にギリシャから米国の大学へ願書を出す、という離れ業《わざ》もしました。願書を出すときは、まだ専攻は固まっていませんでした。大学でいろいろな授業を受けながら、何が自分に向いているかを一所懸命探りました。専攻を選択するのに、父の影響を受けたくなかったのです。でも結局、工学を専攻にしました。

工学を選択するまでにも、やはり紆余曲折がありました。実は私、いったん政治科学を専攻しているのです。

高校を中退していた私には、数学の十分な基礎がありませんでした。ですから、大学一年の成績はそれはひどいものでした。それに、当時は完全に自立して暮らしていて、学費も自分で捻出《ねんしゅつ》していましたから、アルバイトに忙しくて勉強するひまがなかったのです。ともかく、そんなわけで、大学最初の年の成績はひどいもので、その成績で取れる専攻といったら政治科学しかなかったのです。ところが、これがやってみたら、ものすごく退屈で。「ヨーロッパの政治における民主主義の影響」なんてのがテーマだったわけですが、もう耐えられないくらい退屈（笑）。それで、というと単純すぎますが、ともかくその後、工学に専攻を変更したのです。

工学を専攻するにあたっては、もちろんそばに父という存在があったわけですが、工学の分野には女性の先輩がおらず、学校でも、女性に工学を専攻することを積極的に勧める雰囲気はありませんでした。誰も「この分野がいいよ」とは、言ってくれなかったわけです。だから、この分野にあえて進む女性たち、というのは、父や兄や親戚の誰かがすでにその分野で活躍している、という人たちが多かったですね。

でも私は、自分の選択に父親の影響をできるだけ受けたくなかったので、少々回り道をして自分に確認してきた、というところでしょうか。

父と母の影響

影響を受けたくないと言いながらも、結局は父親と同じ道に進んだわけですが、私と父の距離は、年を追うごとに縮まっていきました。

父は、対人関係は苦手ですが、いろいろな意味で本当に素晴らしい人物です。考えてみてもください。両親をホロコーストで亡くしたのはもちろん、ドイツにいたときでさえ、ユダヤ人というだけでどれくらいの迫害を受けてきたか。両親を亡くして一人ぼっちでアメリカに移民して来た父は、生きることはもちろん、学費も誰の力も借りず一人で稼いでまかない、もがきながら進んできたのです。そのような過去の経験は、間違いなく、その後の彼の対人関係に影を落としたと思います。

父の受けた迫害・差別はすさまじいものでした。彼は、実は他のユダヤ人の子弟よりも長く、ドイツに留まりました。というのは、祖父が政府関係の仕事をしていたからです。そのため、学校ではユダヤ人といえば父だけ、というような状況になってしまい、ひどい扱いを受けたようです。結果として、あまりにも迫害がひどくなって学校へは行けなくなったようですが……。

結局、両親が彼を無理やりオランダ行きの最後の難民船へ乗せて、アウシュビッツで死ぬことを免れたわけです。

しかし、米国には身寄りがなかったので、ヨーロッパからのユダヤ人移民をコーディネートしていた人物のもとに、いったん引き取られたようです。この人物は、父の従兄弟《いとこ》一家も救い出してくれた人で、父にとって近親者といえばこの従兄弟一家だけでした。オランダに逃れた後、父は、その地にいた祖父のもとで暮らしていましたが、その祖父も後に、ユダヤ人がアウシュビッツなどの収容所に送られる前に一時留め置かれたキャンプに送られて、そこで亡くなってしまいました。そのキャンプの名前は、私は覚えていません。

後年、父は何度もドイツに旅行しています。ドイツに対しては、明らかに複雑な感情を持っていたようですね。彼は、ユダヤ人虐殺の記録を歴史に残す「ホロコースト・プロジェクト（THHP）」に参加していましたので、関連映像を数時間分も記録していました。

母はエンターテインメント業界にいた、というと聞こえはいいですが、私が幼いころの彼女は、実質無職の状態でした。ですから、家計はいつも火の車で底なしの貧乏でした。お金がなかったので、当然、私は公立の学校へ通ったのですが、そこはロサンゼルスでも最低レベルと言われた環境の悪い学校でした。そのせいもあって、学校は恐ろしく退屈だった。これ以上学校にいたら学校自体を憎んでしまう。そう考えたので中退したのです。

母は大学を出ていましたし、家庭にはある種の知的な雰囲気もありましたが、何しろお金がなかったので、いつも起こるのはお金の問題。でも、本はかなりありましたね。家中が本でした。

母が私の将来について、こうしろとか、ああしろとか、なにかアドバイスすることは全くありませんでしたね。ただ、私は常に独立心旺盛《おうせい》だったので、この子は早く独立したいのだな、ということはわかっていたと思います。

一五歳で独立

一五歳になったとき、母は、自分がいなくなれば娘は当然、父のもとへ行くのだろうと勝手に想像して、ある日アパートを出て行ってしまいました。でも私は出て行かず、そのアパートに残りました。そして、仕事を見つけて、自分一人で暮らし始めたのです。

これには面白い逸話もあるんですよ。一人で暮らし始めた当初、同い年、つまりやはり一五歳だった友人が転がり込んできて、六ヵ月くらい一緒に暮らしたことがありました。彼女はその後、家を出て行って音信不通になってしまうのですが、その彼女からつい、この間ひょっこりメールが来て、彼女も大学教授になってると言うんですよ。私もびっくりしたけど、彼女も私が大学教授になったことを知ってびっくりしたらしいです。とても嬉しかったですね。

ともかく、一五歳のときに母が出て行って、一人暮らしを始めて、まずウェイトレスとして働きだしました。当時、高校にも通っていたのですが、夜中までウェイトレスとして働いていたので、学校に遅刻したりしていたわけです。先生には事情を話していたので、てっきり納得してもらえていると思っていました。それなのに、あるとき、教科で五段階評価のD（四番目）を付けられたんですよ。それで、「もうやってらんない！」と、そのことが直接の原因になって、学校を中退してしまいました。その後、短期大学に行き始めたので、他人に説明するときは「高校を中退した」ではなくて、「短期大学に飛び級した」と言うことにしています。その短期大学には六ヵ月いて、前に述べたように大学に転籍しました。

親に放り出されて、たった一人で暮らしていかなければならなかったけれど、教育を受けることについては諦めませんでした。理由はわかりませんが、より良い機会をつかみ取るには教育を受けなくてはだめだと、いつも強く思っていました。その時点では、大学院に進むかどうかなんて遠い未来のことまでわかりませんでしたが、大学に行くことについては全く疑問を持っていませんでしたね。そして、より良い職業につくんだ、と。

誤解のないように申し上げると、母は私を捨てたわけではないのです。母は、私が父と暮らすべきだと思ったのであって、それは何も、私のことがわずらわしかったということではなく、父と暮らすことが私にとってベストだと思ったからなのです。母の考えるベストな解決法と、私が考えていたベストな解決法が違っていた、ということですね。

でも、私はとにかく一刻も早く独立したかった。それに、自分で暮らしていける自信もありましたし。

女性研究者として歩む

私が工学を選んだ経緯は、すでにお話しした通りです。この分野には女性研究者がとても少なく、女性であるということで受ける差別も激しいものでした。

専攻の最初の年の成績は、それはひどいものでしたが、その成績には、「ここはあんたの居る場所じゃないんだよ、お嬢さん」みたいなメッセージも確実に含まれていましたね。最終的には、私は良い成績を取るようになりましたが。

で、大学を卒業して、その後どうするかというとき、果たして大学院に進むべきか、MBA（経営学修士）を取るべきか、どうもしっくりする選択肢が見つかりませんでしたので、それを探すためにも、いったん社会へ出て働くことにしたのです。

幸運なことに、シリコン・バレーの小さなベンチャー企業に働き口を得ることができて、そこで学んだのは、「ベンチャー企業なんかで働くもんじゃない」という貴重な教訓。もちろん素晴らしい経験もたくさんさせてもらいました。何より、その会社の従業員は、ほとんどが博士号を持っていた。ですから、私の持っている学位には見合わないような、レベルの高い責任を持たされたのです。

その会社で機械工学のバックグラウンドを持っていたのは私だけでしたので、自然の流れとして工学系の問題は私に集中するようになり、次第に高度な知識を身に付けないとだめだ、という思いにとらわれるようになりました。そして、周りが博士号取得者ばかりだったということから、博士号を取りたいと思ったのです。

私はもともと、ご覧の通り、アグレッシブな人間です。男性が意図的に汚い言葉を使ってジョークを飛ばしてきたら、それの何倍も汚い言葉で返すくらいの度胸は持っていましたから、実際に工学の博士号を取りに行って、女性であることでいわれのない差別を受けても、それを乗り越えることができたのだと思います。

この種の差別は、ほんとうに日常的でした。でも、女性が少ないということは、女性であることだけで目立つということでもあり、これは考えようによってはプラスになります。他の分野に行けば目立たないほどの才能しかない女性でも、たとえ平凡であっても、工学の分野にいれば、それだけで目立ち、みんなに名前を覚えてもらえる、といったようなことが起こるわけです。

工学の博士課程に進んだ私は、そこでメンター（助言者・指導者）とも呼べる素晴らしい男性に出会いました。彼は、女性である私の存在が珍しかったのか、とても目をかけてくれました。修士課程から博士課程への移行も実にスムースで、ラボ（研究室）での経験も素晴らしいものでしたし、博士課程を修了してすぐにカルテック（カリフォルニア工科大学）とMIT（マサチューセッツ工科大学）から誘いを受けるなど、その後はすべて、本当に順調でした。

カルテックを選んだのは、すでに結婚していて夫がシリコン・バレーに職を持っていたからです。それに、カルテックは伝統的に「白人男性のための学校」というイメージがありましたから、「おっと、これは面白いな。挑戦しようか」と。カルテックでの経験は何もかもが素晴らしかったですね。

その後、スタンフォード大学からの誘いを受け、こちらに移り住みました。

我が子への願い

子供は二人います。息子のダニエルは七歳、娘のニコールは五歳。もう、何にでも興味を示しています。ダニエルはピアノに興味を持っていますね。私の父に顔が似ています。空手も大好き。学校も大好きで、サッカーが得意。彼の中には、知的な興味とフィジカルな興味が混然としていますね。でも、一番の興味は「遊戯王」のカード集めかもしれない。一方、娘のニコールは、ダニエルとは全く違います。とても強い意志を持っていて、自分に自信があります。でも、やっぱり空手が大好き。とても明るい子です。

折々のユダヤの行事の時にはシナゴーグ（ユダヤ教の会堂）に行きます。来年には、ダニエルがヘブライ語の学校に行き始めると思います。夫がユダヤ教に深く帰依《きえ》しているためか、家庭の雰囲気の影響か、子供たちは早くも、ユダヤ人としてのとても強いアイデンティティーを持っているようで、好ましいと思っています。たとえば、いつだったか、クリスマス前にスーパーで買い物をしているとき、「クリスマスには何がほしいの」と子供たちに聞いたところ、「何言ってるの、僕たちはユダヤ人だからクリスマスなんてお祝いしないよ」ですって（笑）。

子供たちのクラスのお友だちは、ほとんどが非ユダヤ人です。でも、子供たちは、ユダヤ人であることについて、何らの恐れも抱いていない。とても自信をもっているのです。ポジティブなのですね。家庭での行事などを通じてユダヤの伝統も理解していて、それを価値あるものだと思っています。とてもいいことだと思います。

子供たちに望むことですか？　人間として、ハッピーであってほしいです。それが第一ですね。そして、「人間として」成功していてほしいですね。

彼らの将来について、私は青写真みたいなものは何も用意してはいません。まあ、大学は出てほしいなあ……と思いますが。それくらいの環境は用意してあげたいと思います。

いろいろな経験をして、どんな才能が自分に眠っているのかを試してほしいですね。

自分の行く道は、自分で決めてほしい。どんな道に進んでも幸せで、自分のした選択を誇りに思うような人生を歩いてほしい。そうであれば、私はもう言うことはありません。

オーラ・フィッシャー

巨大弁護士事務所を支える
トップ・パートナー

米国最大手弁護士事務所トップ10の常連であり、1600名以上の弁護士を抱える国際弁護士事務所、レイサム・アンド・ワトキンズ法律事務所のシリコン・バレー事務所長（マネージング・パートナー）。1984年ペンシルバニア大学ウォートン校で経済学・会計学を修め、1991年にミシガン大学ロースクールを卒業、レイサムに入所。M＆A等を含む会社法関連全般を担当する。

研究者である夫との間に１男１女を持ち、レイサム・アンド・ワトキンズ・シリコン・バレー事務所の「母親」役を自任。

インタビューは2005年３月21日、あいにくの雨の日に実施。多忙を極めるにもかかわらず、フィッシャー氏は２時間近い時間をインタビューのために割いてくださった。パートナーとしての重責も、弁護士としての多忙な職務も、母親の仕事も、すべてひっくるめて楽しむという明るい前向きな姿勢を持つ、大変魅力的な女性。

生い立ちと家族、ユダヤ教

生まれはシカゴのハイドパーク。七歳になるまで、マフィアで有名な「サウスサイド・シカゴ」と呼ばれる地域で育ちました。シカゴのユダヤ人移民は、シカゴのサウスサイドとノースサイドに集中していたのですが、今でもノースサイドのスコーキーなどは、ユダヤ人が多く住んでいる土地として有名です。

両親は、第二次世界大戦中にドイツから米国へ逃れてきました。母はフランクフルト生まれで、一九三七年、五歳のときに移民してシカゴに辿《たど》り着きました。一方、父はバイエルン地方のキッツインゲンの生まれで、家族とともに一九四一年、一二歳のときに米国に移民して来ました。ポルトガル発の最後の難民移送船に乗ったそうです。移民後、父は、ウィスコンシン州のグリーンベイに落ち着きました。

父と母のなれそめは、父が大学を卒業した一九五三年のクリスマス・イブに、当時母が住んでいたハイドパークのシナゴーグで開かれたダンスパーティです。このパーティに参加していた二人が知り合い、一年後に結婚したというわけです。

父は大学を出ていますが、母は高卒です。母は大学へ行きたかったようですが、貧乏だったため諦めたようです。

私が七歳のとき、インディアナ州モンストリーに引っ越しました。私はそこで公立小学校に入学して二年間を過ごし、私立学校に移りました。アキバ・シャクターという、ユダヤ教の学校です。高校はシカゴ北部にある、私立のユダヤ教系学校、しかも厳格なオーソドックス派[※1]の、アデクラウン・ジューイッシュ・アカデミーという学校を選びました。

親に強制されてユダヤ教系の学校を選んだのではありません。学校の選択は、すべて自分でしました。遠距離にあったので、ホームステイをしながら週末に親元に帰るという生活でした。

今でも覚えていますが、学校生活は忙しいものでしたよ。学校のカリキュラムは、朝八時半から一二時までがユダヤ教の教科。これには、現代ヘブライ語からトーラー[※2]、タルムード研究[※3]までが含まれていました。それはそれは密度の濃いユダヤ教教育を受けたのです。そして、午後からは科学・英語・歴史など、一般の教科がぎっしり。すべての科目が終わるのは、なんと夕方五時半でした。加えて大量の宿題があるんです。

祖父母の代の話をしますと、彼らは皆ドイツに住んでいました。父方の祖父は、高級カフェのオーナーでした。祖父自身は、今で言うパティシエで、高級ペストリーを作っていました。父方の姓は、私の実家の姓でもあるのですが、「プルーフォ」と言います。これはドイツ語で「早起き」という意味です。パン屋ですから朝が早い（笑）。長いことドイツでプルーフォ・ベーカリー・メーカーという、ペストリー製造会社を営んでいました。母方はと言いますと……実はよく知らないんです。

私たち一家は、宗教行事に積極的に参加したり、特定の宗派に帰依《きえ》したりといった意味での宗教色は強いほうではありませんでしたが、宗教そのものに対する信心は深かったと思います。言い換えると、ユダヤ人としてのアイデンティティーが非常に強かった、というのでしょうか。

これには、祖父母の代に起こった悲劇を実体験として受け継いでいることが、バックボーンになっていると思います。

祖父母や両親は強制収容所に行ったわけではありませんから、厳密にはホロコースト・サバイバー（ホロコースト生存者）とは言えません。しかし、とくに父は、ドイツのユダヤ人コミュニティーに暮らして、祖父のカフェがナチスによって破壊されるのを見たりしています。経験を通し、悲劇にあわれた方々に対して、自分たちの伝統を継承するという責任を強く感じたのでしょう。

ユダヤ教色の強い教育でしたが、その後の私のキャリアに役に立ったことがひとつあります。それは、ユダヤ教で強調される「学ぶ」という姿勢を持ち続けることを叩き込まれたことです。今、目の前にあることを徹底的に理解し、分析する姿勢。ユダヤ教の基本姿勢は、トーラーを代表とする文献の徹底的な分析にありますので。トーラーだけでなく、聖書(旧約)の一言ひとことを、ひねってねじって、もう永遠に分析し続ける。その連続が、宗教活動のひとつなのです。とにかく、深い深い考察と分析をする。これはユダヤ教の絶対的な特色ですね。その姿勢を私は自分の職業に活かしていると言えます。

家庭での教育についてはどうだったかというと、先ほどお話ししたように宗教色はそんなに強くなかったですね。

豊かな暮らしではありませんでしたが、家ではとにかく子供の教育がまず第一でした。そして、家はもう、本であふれかえっていました。すべての部屋のすべての壁が本棚で覆《おお》われていたような状態で。本好きだったから本が集まったのか、本が集まっていたから本好きになったのか、定かではありませんが。

ユダヤ教の中でも、我が家が属していた宗派は、コンサーバティブ派[※1]と呼ばれる宗派でした。この宗派では、オーソドックス派のように男女を分けたりしません。他のユダヤ教宗派より、男女同等の権利を主張するのが特色です。その宗教上の男女平等の考え方と、我が家には男の子がいなかったことから、「男はこうするべき、女はこうするべき」みたいな考え方が育ちませんでした。ですから、両親は自分の行く道を、自由に私たちに選ばせてくれたのだと思います。

ちなみに、長姉はシカゴ大学でマスターを取りソーシャル・ワーカーに、次姉は製薬会社でセールスをしています。長姉とは七歳、次姉とは五歳離れています。

私たち一家は、本当によく話をしました。読んだ本のこと、政治のこと……とにかくたくさん！　とくにユダヤの歴史や伝統・文化について話し合った記憶があります。

ユダヤ人が遺伝的に優れているとかといった話は、全く根拠のないうわさでしょう。ただ、思うに、ユダヤ教という宗教自体が、「学ぶ」ということを身に付けさせる、もしくは、目の前にあることを見据えさせるといった特色を強く持つので、それがユダヤ人の生き方に影響しているとは言えると思います。

ユダヤ教は、自分がどうすべきかを立ち止まって考えさせる。現状に合うよう自分を変えさせるのが特色です。

日本の宗教をよく知りませんし、比較はできないのですが、たとえばキリスト教とユダヤ教を比べると、キリスト教が「今日良いことをすれば、死んだ後に良いことが待っている」という思想を持つ一方、ユダヤ教には「死後」という世界観がありません。ですから、ユダヤ教では「現在を精一杯生きよう」という考え方になります。

それがベースになり、ユダヤ教を信じる者の多くが、大志を抱こう、怠惰《たいだ》にならないようにしよう、現状を改善しよう、より良い自分になろうなどと考えるわけです。私は科学者ではありませんが、もしユダヤ人が優秀だとしたら、それは遺伝子のせいではないでしょうね。

現在の仕事に辿《たど》り着くまで

現在、私は、シリコン・バレーにあるレイサム・アンド・ワトキンズ法律事務所で、マネージング・パートナーをしています。専門は会社法で、ベンチャー・キャピタル、一般企業、起業まもないベンチャー企業、そして証券会社などとともに、M&A、証券発行、コーポレート・ガバナンスなどの分野全体を担当しています。

レイサムは一九三〇年代に設立された老舗《しにせ》の法律事務所です。私は、ロースクールを卒業した一九九一年に、開所したばかりのサンフランシスコ事務所に入所したのですが、当時は一九名の弁護士しかいませんでした。その後、シリコン・バレーの仕事が急激に増え、一九九七年にシリコン・バレー事務所が開設され、数名の同僚とともにこの事務所に移りました。そして、二〇〇四年七月一日付で、この事務所のマネージング・パートナーとなり、日々の雑務が増えたほか、事務所の今後の戦略を決定する役目や、人事から事務所の賃貸料の問題まで、かなり業務が増えました。

現在この事務所では、弁護士が七〇名と、ほぼ同数の業務スタッフ、計一四五名が働いていますが、年々増員している状況です。

大学での専攻ですか？　経済学と会計学をペンシルバニア大学ウォートン校で学びました。歴史にも興味があったのですが、実際的な学問を身に付けたいと思ったのです。

大学を卒業してから四年間は、ニューヨークのＪＰモルガン銀行で働いていました。入社後の新卒向けトレーニング・プログラムで上場企業へのファイナンス業務を経験し、トレーニング後、その部署の配属になりました。法律事務所と接触する機会が多く、法規制と密接にかかわる業務の中で、「私がやりたいことは、銀行業務よりむしろ法律業務なのでは？」と思い、学校に戻る決心をしたのです。その当時は、上場企業ファイナンスといっても口座管理業務に近く、少々退屈でもあったのです。現在の仕事は変化があり、毎日違うことを考えられるという点でとても気に入っています。

シリコン・バレー特有の、たとえば知的所有権などがからむ仕事が多いですが、科学のバックグラウンドは全くありません。知らないことがあったら、その都度《つど》、勉強です！

子供に望むのは、ハッピーであること

私には二人の子供がいますが、子供の教育法ということでは、よくわからないというのが正直なところですね。子供は、女の子が一人と男の子が一人。長女アリーが五歳、長男サミュエルが二歳です。

ここシリコン・バレーの周辺にはスタンフォード大学などがあるし、知的水準が高く、学校での競争も厳しいのです。そういう環境に育つと子供は優秀になるという人がいますが、私も夫も、この説は気にかけていません。とにかく、子供にはハッピーでいてほしい。それだけです。成績などどうでもいいことです。

子供には、学ぶことを、エキサイティングだと感じていてほしい。知り合いの中には、教育時間割りなどを作って子供を管理し、少しでも成績を上げさせたいと頑張っている人もいますが、私はそんなことをしたいとは思いません。でも、もしも成績が良かったら、

ま、それは正直嬉しいでしょうけど。

でも、なによりも、ハッピーでいてほしい。成績や進学のことで、重圧を加えたいとは思いません。

上の娘は、独立心が旺盛《おうせい》で、一人遊びがとても好きですね。人形を相手に、何時間も一人で会話を楽しんでいる。見ようによっては、一人の世界に閉じこもっているように見えてしまいます。それを問題とする人もいるようですが、私にしてみれば全く問題なし！あら、独立しているわ！　ＯＫ！　という感じ。一方、下の息子は、とにかく活発です。そこらじゅうを走りまわっている。そして好奇心が強いですね。

とくに教育らしいことはしていませんが、気にかけていることは、本を読んであげることと話しかけることです。そして、テレビをあまり見せないようにしています。

子供たちには、何かを発見していく人間であってほしい。学ぶことを忘れず、生産的で、自信を持っていてほしい。愛情を持って、家族を大事にしてほしい。たとえ成績が優秀で世間的に成功していても、ハッピーでない人はたくさんいます。ハッピーでいることは、とても重要です。

ユダヤ教は「未来には幸せが待っている」という宗教です。命を大切にし、与えられた機会に感謝し、自然に感謝し、自分を取り巻く社会に感謝する、それがユダヤ教の根本です。とても楽観的な宗教、「ハッピー教」とでも言いましょうか。子供には、宗教も進路も押し付けるつもりはありませんが、いつでも感謝を忘れないハッピーな人生を歩んでほしいと思っています。

※1 ユダヤ教の宗派について：左記宗派に属していなくても、ユダヤ人として強いアイデンティティーを持つ人々は多い。

(1) オーソドックス派：最も正統とされる宗派で、旧約聖書最初の5巻に記されている613の戒律すべてを守る。この中には、金曜日の日没から土曜日の日没まで働いてはいけない、といったような厳格なものも含まれる。オーソドックス派は少数宗派で、現在、ユダヤ系米国人の5〜6％にとどまっているが、急速にその数を増やし始めている。

(2) リフォーム派：約200年前にドイツで発生した宗派。儀式でヘブライ語以外の地元言語を使うほか、戒律も緩やかで、ユダヤ系米国人の50％以上がこの宗派に属する。

(3) コンサーバティブ派：オーソドックス派とリフォーム派の中間的な宗派として、リフォーム派より数年遅れてドイツで発生した宗派。リフォーム派よりは戒律が厳しく、儀式でのヘブライ語使用が一般的なほか、食餌制限を実行する人々も多い。ユダヤ系米国人の約30％がこの宗派に属する。

※2　「律法」と呼ばれる、聖書（旧約）のなかで最も重要な五書を指す。別名「モーゼの五書」。

※3　モーゼが神から口伝で受け取ったとされる律法。

デイヴィッド・グリーン

途上国支援ＮＰＯで「天才賞」受賞。
今、最も注目を集める活動家

プロジェクト・インパクト、エグゼクティブ・ディレクター。

発展途上国の患者向け先端ヘルスケア製品の製造・流通分野におけるパイオニア。氏が建設した、プラスティック製眼内レンズの製造販売ラボ「オーロ・ラボ」（インド）製品は、現在85ヵ国の発展途上国で販売されており、世界最大の眼内レンズ製造元に成長している。このラボにより、数百万人にのぼる途上国の失明の恐れがあった患者が救われた。

1978年ミシガン大学アン・アーバー校にて学士号、1982年に同大学博士号を取得。1983年より、ＮＧＯセヴァ・ファウンデーションに参加。2000年、途上国向けに先端医療機器を供給するＮＰＯプロジェクト、「プロジェクト・インパクト」を立ち上げ、現在に至る。

その人道的活動が評価され、2004年度マッカーサー・フェロー（通称・天才賞）に指名された。

2005年３月３日に行われたインタビューでの話題は、氏の家族のことから、資本主義に対抗する新しい経済概念まで広範囲に及んだ。すでに有名であり、輝かしい実績を持つのは周知の通りなのだが、天井の塗装がはげかかったカローラを乗り回すなど、生活はいたってシンプル＆質素。次世代の国際的なリーダーと目されている。

家族と生い立ち、日本との縁

一九五六年、三つ子の末っ子として、大学教授の父と地方公務員の母との間に生まれました。生まれ育ったのはミシガン州で、一四歳までアン・アーバー市におりました。二人の兄と六歳上の姉がいます。

兄の一人は弁護士で、私の仕事も手伝ってくれています。もう一人の兄は通訳をしています。アラビア語とヘブライ語が専門で、政府関連の仕事が多いようですね。姉はペンシルバニア大学の精神科付属病院で働いています。

母は専業主婦でしたが、私たち兄弟が中学校に通いだしたのをきっかけに、市の公共事業部門で働き始めました。彼女は大学を出ていませんので、ごくふつうの地方公務員という感じです。父は、イースタン・ミシガン大学の教授で、犯罪心理学を専門にしていました。父も母もアメリカ生まれですが、祖父母はみな、ヨーロッパからの移民です。

母方の祖父については、仕事を転々としたとは聞いていますが、実際何をしていたのかは知りません。父方の祖父も、職をたびたび変えたと聞いています。結局、どちらもアメリカ中西部に落ち着いたわけですが、当時、中西部ではそれはひどいユダヤ人迫害が行われていたため、父方の祖父は職を得るために、姓をユダヤ人特有のグリーンバーグ(Greenberg)からグリーンに変えました。

ところで、私たち家族と日本は、とても縁が深いのですよ。

父はペンシルバニア大学で博士号を取得した後、大学教授になったのですが、博士号を取得したのは第二次世界大戦後です。大戦中、父は日本語通訳として軍隊に加わり、戦後の法廷での通訳に従事していました。父はその後、中国にわたり、日本人捕虜の送還を助けていたようです。そのような経緯で、日本文化がとても気に入ったのでしょう。父は米国に日本刀を持って帰ってきたのですが、私が幼いころ、ことあるごとにこの日本刀を取り出しては、学生用のマントと一緒に身に付け、「怪傑ゾロだ!」なんてやってましたね。

日本との縁は、これだけではありません。父の兄、つまり伯父は、朝鮮戦争中、日本に滞在して軍の法務に従事したのちに法律家になり、司法省に入って公害訴訟を手がけるようになったのですが、日本の仏像が大好きで、仏像収集をしていたのです。結構大きなコレクションを持っていまして、「鬼」をモチーフとしたものもありました。中には、木製の二メートル近い大型の仏像もあって、子供のころ、かなり怖かったのを覚えています。

私は以前から瞑想《めいそう》するのですが、こうなったのは「鬼」の影響だと思いますね（笑）。

自分を見つめるための回り道

出身大学はミシガン大学で、植物学、言語学、とくにスペイン語、そしてユダヤ教ハシディック派神秘主義、アメリカ神秘主義、禅、仏教思想などを学びました。卒業後は一時、大工として働いて、その後大学に戻り、公衆衛生学の学位を取りました。

高校時代から大学時代、そして現在の仕事に落ち着くまでの道のりは、一直線ではありませんでした。

まず、一九七〇年代初頭、高校生だった時分にイスラエルへ渡り、キブツ（共同体社会）に参加。キブツには、兄が二年先に行っていたのですが、その渡航理由というのが、「高校生活が退屈で退屈で、早く抜け出したかった」というのです。キブツに参加することで、早く高校を出ることができたのは嬉しかったですね。もちろん、一九七三年戦争、いわゆるヨム・キプール戦争（日本では、第四次中東戦争）で人手不足になったキブツを助けたかった思いも強くありました。

キブツから帰り、ミシガン大学に入学したのですが、一年目の一学期が終わったところで、またしても兄と一緒に休学し、メキシコへ数ヵ月、旅に出てしまった。そしてメキシコから帰った後、復学しました。

随分と回り道をしていましたが、父はとても協力的でしたね。だいたい、父自身が若い時ずいぶんと旅をしていましたから。ですが、母はとても心配していたようです。なにしろ彼女は、典型的な親バカな「ユダヤ人の母」ですからね。

旅を重ねて、生きるうえでの様々な問題に直面し、その奥深さを感じていった過程で、この世に存在するいろいろな宗教や神秘主義が語る「生の意味」を学んで多面的な理解をしたいと思ったのが、先ほど申し上げた支離滅裂《しりめつれつ》な大学での科目選択につながっていると思います。直面した問題というのは、生きるうえでの基本的な問題で、たとえば「私の命はどこから来たのか」「死んだ後はどこへ行くのか」「この世に生を受けた理由は一体、何なのか」といったようなものです。この問いに対する答えは、いまだに探している途中なのですけれど。

大学で学んだのは、いわば一般教養的なものばかりで、専攻はありませんでした。もちろん自分で選んだ道ですが、これは、父からのすすめでもありました。父が、「いろいろなことを学んだほうがいい」と。専門をひとつに固定しないで、様々な分野を勉強したのは、とてもためになりました。

父が、子供たちに、たとえば弁護士になれ、というような職業選択のプレッシャーを与えたことは、ただの一度もありません。「大学は、将来専門を選ぶための、向学心を養うためのもの」だとも言っていました。

その後、大学を卒業してまず選んだ職業は、コックです。数週間ですけどね（笑）。そして額縁屋《がくぶち》で働いて、大工をして、一九八〇年に国際公衆衛生学で学士号を取るために大学に戻りました。

公衆衛生学を選んだ理由は、その当時、「死」に大きな関心を持っていたからです。死に興味を持ったのは、以前から親しんでいた神秘主義の影響もあるのですが、この影響にいくつかの長い「旅」の経験が重なり、「国際公衆衛生」という新しい分野に結実することで、その後の人生の方向性がずいぶんと変わりました。そして、現在に至っています。

新しい社会の仕組みを目指して

ＮＧＯ活動に入るきっかけとなったのは、大学院時代に誘われて参加した「セヴァ・ファウンデーション」(Seva Foundation：貧困国へ医療援助を行うＮＧＯ）でのボランティアです。当時彼らが手がけていたのは、ネパール国内での盲目患者問題で、大学院生だった私が手伝ったのは、この調査プロジェクトの技術サポートです。

大学院を修了した後、一年ほどシカゴ・クック郡政府の公衆衛生課に勤務しましたが、その後再びセヴァ・ファウンデーションから誘いを受け、一九八三年からミシガン州の事務所で働き始めました。

最初に関わったのは、南インドの非営利病院「アラヴィンド眼科病院」の立ち上げです。そこでの最初の仕事は、ファウンデーションに寄付された、眼内レンズや白内障手術用品、眼科治療薬など様々な眼科関連の物資をインドに送ることと、インドで眼科手術教育に当たる人間などのボランティアを集めることでした。分厚いメガネをただ送るのではなくて、医療物資と人材を同時に送り、手術による眼内レンズ交換を普及させることで、根本的に白内障を減らすプロジェクトを成功させることができました。

そこで、新たな発見がありました。そのようにして先端技術が導入されると、今度は、その技術をもとにした製品に対するマーケットが、貧困にあえぐ国にあっても形成されるのです。つまり、より良い技術が新しいニーズを生み出すというか。その後、様々な理由からレンズの寄付がなくなってしまったため、「自分たちで人工眼内レンズを製造できないか」ということを考え出し、それが技術移転に関する現在の仕事に結びついたというわけです。

医療物資の寄付を集めていたころは、それはもう、気分は物乞い！　物乞いですよ、物乞い！（笑）はっきり言って、もう、寄付を集めるのに心底疲れていました。でも、ある時点で、私が物乞いをしているのは私自身のためではなく、私のかかわっているプログラムなのだということに気づき、自分自身と「物乞い」を分離することができるようになりました。そして、より低いサイキック・エネルギーを使って……いや、つまり、以前より恥ずかしい思いをせずに、寄付を集められるようになりました（笑）。

よりよい「物乞い」に成長し、活動を通じていろいろな大企業と友好関係を築いていく過程で、私は、寄付されるモノがどうやって製造されるのかを学びました。それが、現在手がけている、インドでのＮＰＯベースの製造工場建設に結びついていったのです。なにしろ、もともと大工ですから、機械装置に関する予備知識が役立ったのです。そして、大企業の中には、製造技術そのものを第三者に販売してもよいと考えている会社があることに気がつきました。そこで、眼内レンズ製造技術を買って、製造工場を南インドに建設することができるのではないかと考えました。

インドに製造工場を開くまではよかったのですが、すぐに二つの問題に直面しました。ひとつは、手術に必要な医薬品不足が起こったこと、そして何より、インド国内に、分けへだてのない眼科医療を施すための社会的な仕組みがなかった、ということです。とくに、最貧困層から中産階級下層部には、サービスを行き渡らせる仕組みが、全くありませんでした。

南インドに「アラヴィンド眼科病院」というNPO病院があります。この病院は現在、世界最大級の眼科病院として知られており、年間手術数は二二万件と、この病院だけで全米で行われる眼科手術の実に一〇パーセントにも当たる数をこなしているのですが、この病院は、四七パーセントが無料施術、一八パーセントの患者が三分の二のコストを支払い、残り三五パーセントが三分の一を支払う、という特殊な課金モデルを持っているのです。つまり「マルチレベル・プライシング」（段階的課金）ですね。

私は、このシステムをアラヴィンドで立ち上げ、その後、同じような課金モデルを、ネパール、インドの他地域やエジプト、タンザニア、ケニア、グアテマラなどで立ち上げてきました。これらの地域から聞こえてくるのは、発展途上国にはまず、サービスを普及させるための課金モデルが必要だということです。サービスを始めるのはいいが、重要なのは、それを持続可能な状態に持っていくことですから。

また、アラヴィンド病院研究所では、数多くの新たなプログラムを作ることも手がけました。現在、一六〇ものプログラムがあります。そして、それらも単独で財政維持が可能な状態になっています。

実際にシステムを作るには、住民の可処分所得などの把握から、病院の業務の一部をコミュニティーに代行してもらうことまで、広い範囲の調査研究が必要です。そうすることで、高レベルの医療がより安価になり、国際的に行き渡るようになるわけです。

現在は、もっと大きな資金を集めてこの種の活動を広げるため、営利団体であるソーシャル・エンタープライズ（社会保障企業）を立ち上げようとしているところです。現状では、非営利セクターに対応する資本市場というものは存在しません。ですから、営利団体である社会保障企業というのは、全く新しい概念です。現在の課題は、営利という以上、その企業のエグジット・ストラテジー（投資資金返済および利潤の分配手段）を見つける、ということです。今のところ、この問いに対する答えは、「私のエグジット・ストラテジー、それは私の死だ」（笑）。

ヘルスケアという分野において、いかにして、今までとは全く異なる経済的パラダイムを構築していくか。つまり、この組織の存在目的は、ヘルスケア製品の単価を下げると同時に、これを行き渡らせるサービス分配モデルを作り上げて市場を一気に広げ、「必要」を「需要」に変えていくことなのです。

簡単に言うと、私が実践しているのはシンプルに、どうやったら、貧困層にある人々がもう一度、聴いたり見たりすることができるようにしてあげられるか、ということです。経済モデルの実行は、反対に「どうやったら目標に達することができるか」ですよね。世界を見回せば、すべてが資本主義によってコントロールされ、企業活動ばかりが重要になっている。そうではないですか？　人々が問題にするのは、ある企業がうまくいっているかいないか、その企業をある人物がいかにうまく運営するかしないかということばかりです。現状の経済パラダイムによって、世界の多くの部分は、ないがしろにされているのです、本当に。今までとは全く違うビジネス・モデルが必要なのです。

この宇宙のどこかに、理論上は、私たち以外の知的生物がいると言われていて、その地をゼータ・レティクル（Zeta Reticuli）などと呼んだりするわけですが、そこにも地球上と同じ経済パラダイムが存在すると思いますか？　マーケットがあって、儲けて……といったような。ゼータでは、全く違っているはずだと思うんですよ。

私たちは、今存在する、あるパラダイムにはまってしまっています。たとえば、現在たくさんの国々が地球上に存在するわけですが、そもそもそれらの「国」は、遥《はる》か昔に、ある乱暴者が武力で地域に縄張りを設け、「これはオレ様の土地だ！」と宣言したことから始まっている場合が、ほとんどですよね？　で、周りの人々は、この乱暴者が怖かったので、「そうだそうだ、これは君の土地だ」と認めた、ということ。

国の成り立ちがこれですから、経済価値というものだって、その評価の中にはかなり感情的な要素が入っているはずなのです。企業という概念だって非常に新しいもの。私が目指すのは、社会主義でも共産主義でもないけれども、非常に現実的で永続的な、人々が本当に欲している重要なものを供給する仕組みです。そして、このパラダイムを人々が選ぶことができるようにしたいのです。

これまでの話は、ステレオタイプの「ユダヤ人の儲け話」とは正反対でしょう？　世の中の大半の人が、「ユダヤ人が世界のビジネスを牛耳《ぎゆうじ》ってる」とかなんとか、まことしやかな嘘を信じていますよね。でも、ここにいるユダヤ人を見てください！　ここに全然違うことをやっているユダヤ人がいるぞ〜！　自分の暮らしはほんとにカツカツだけど、大きな夢、公共の福祉のために働いているユダヤ人だっているんです！

大志を育んだ家庭、そして我が息子へ

いろいろなものに興味を持ち、方向の定まらなかった少年期でありましたが、両親に勉強しろと押し付けられた記憶は、全くありません。たぶん両親は、私と、私の兄弟たちを信じてくれていたのだと思います。成績は悪くはなかったですが、それはきっと、専攻した科目が、有機化学とかじゃなかったから（笑）。

私たち家族は、とにかくよく話をしました。話というか、討論というか。よく話題に上ったのは、政治、時事問題かな。男の子三人と姉と父親と母親が一斉に話をしますから、我が家はとにかくいつも、やかましかったですね。私たち兄弟は、最初は冷静に何かについて軽い議論をしているんですが、そのうち真剣なケンカになる。ええ、暴力沙汰《ざた》です（笑）。

読んだ本について話す機会も、多くありました。勉強はあまりしませんでしたが、私たちはみな、かなり本を読みました。母が、私たち兄弟を、毎週図書館に連れて行ってくれたのを覚えています。毎回、一〇冊くらいずつ借り出していたものです。家族みんな、本当によく本を読みました。読み終わった本は、さらに家族で交換していました。今でもそ

の習慣は変わりません。

本をよく読む、読書にフォーカスするというのは、一種ユダヤ・カルチャーみたいなものだと思いますね。私には、生後一八ヵ月の息子がいますが、すでに文字を識別しますし、簡単な文章を読むこともできます。たとえば、先日、妻がコンピュータで検索をしようとグーグルを開けたわけですが、それを見た息子が、グーグルという言葉を指差して、「グーグル！」と言ったそうなのです。これには夫婦揃って驚きましたね。

息子には、何も特別な教育をしていません。私が両親から何も特別に教育されなかったように。まあ、私たち夫婦がしていることと言えば、アルファベットを教えるくらいですね。ただ、毎日、四〜五冊の本を開いて、読んでやることにしています。

息子は、もともと陽気でハッピーな子なのですが、いつまでもそれを失わないで、幸せでいてほしいと思います。生きていくことは、それだけで困難なものです。彼には、現実を見て、ただ悲しんだり抑鬱《よくうつ》状態になったりせずに、世界に対して正しいことを行える人であってほしいですね。そして、自分の人生をうまく操縦する術《すべ》を身に付けてほしいです。息子に望むのは、健康以外には、それだけです。

ミルドレッド・ドレッセルハウス

米国の「至宝」と称えられる科学者。歴代大統領からあつい信頼を受ける

マサチューセッツ工科大学（ＭＩＴ）インスティテュート・プロフェッサー。物理学者。

1967年ＭＩＴ教授に就任、1985年にＭＩＴのインスティテュート・プロフェッサーに任命された。以後、一貫してＭＩＴにて勤務。

2000〜2001年、米国エネルギー省科学研究所ディレクター。現米国物理学会運営委員会会長を務める。その他、ＡＡＡＳ、アメリカン・フィジカル・ソサエティ、そしてナショナル・アカデミー・オブ・サイエンスなど、多くの団体のトップを兼任。

米国で科学者へ贈られる褒賞のなかでも最も権威ある、ナショナル・メダル・オブ・サイエンスのほか、19もの賞を受賞する一方、学会発表も積極的に行っている。研究対象は多岐にわたり、その中には、カーボン・ナノチューブなどの先端科学技術が含まれる。

幼少時よりバイオリンをたしなみ、筆者がインタビューのために自宅を訪問したときにも、家族で弦楽四重奏を演奏中だった。プロフェッショナルとしての厳しい顔と、低温核融合などの自らは認めない研究に対しても支援の手を差し伸べる公平さ、母親としての温かい面をあわせ持つ、たいへん魅力的な女性である。

極貧をくぐりぬけて

両親はどちらも、ポーランドからアメリカに移民して来ました。父方はもともとの姓を「シュピアバック」と言いました。これは、ポーランド語で「歌手」という意味です。その名の通り、代々音楽を生業としていました。そして全員が、作曲もしました。宗教的な機関で演奏したり歌ったりするだけではなく、パーティなどで演奏して、お金も稼いでいたということです。

私が聞いている限りでは、移民前の先祖は、誰も公的機関で教育を受けていません。楽器の演奏などは、それこそ口伝《くでん》で、代々その方法が伝えられたということです。父方の兄弟のうちの何人かは、学校で音楽を学んだようですが、当時はユダヤ人たちは小さな町に隔離されていましたから、取りたてて言うほどのキャリアを築いた人間はいません。

移民して結婚した両親ですが、アメリカは大恐慌のただなかにありました。ユダヤ人に対する迫害があったうえ、満足に英語の喋《しゃべ》れない彼らが、良い職にありつけるわけはありません。私と三歳上の兄は、文字を習う前にまず音楽教育を受けたのですが、通ったのは、地域の富裕層から集めた資金で貧困層教育を行う「セトルメント・ハウス」でした。

ヨーロッパから移民してきたユダヤ人は、みな大変貧しかったので、たいていこのセトルメント・ハウスで教育を受けたのです。両親もここで英語を習ったようです。でも、彼らは生涯、仲間内ではずっとイディッシュ語[※1]を話していました。それが、家族の公用語でもありました。

兄は、信じられないくらい非凡な子供でした。三歳になると、彼は一人で文字を読むことを覚え、また同時にバイオリンのレッスンを受け始めました。父はバイオリンを弾く人だったので、兄の前でよくバイオリンを弾いて聴かせていたらしいのですが、兄はそれを見て、自然にバイオリンの弾き方を覚えたというのです。セトルメント・ハウスではレッスン料が無料だったので、兄は、そこでバイオリンを習い始めました。のちに、兄の才能に興味を持った教師のすすめで、有名な先生がいるブロンクスのセトルメント・ハウスへ転籍。一家は、私が三歳のとき、兄の教育のためだけに、遠いブロンクスに引っ越しました。底なしの貧乏で、お金も持ち物もほとんどなかったのに、両親は兄に良い教師をつけたい一心で、すべてを犠牲にして、学校に近い場所へ移り住んだのです。

両親はいつも熱心に本を読んでいました。とくに父は、大量の英文を毎日読んでいました。彼の興味は時事問題で、世界で今なにが起こっているかということに多大な興味を持っており、ニューヨーク・タイムズを毎日、すみからすみまで読んでいました。ニューヨーク・タイムズに載っていることだったら、もう何でも知っていました。読むだけではなく、記事をスクラップして、百科事典のように保存していました。思うに、彼は故郷の家族とのつながりを持っていたかったのでしょう。第二次世界大戦が起き、ヒトラーが世界の舞台に躍り出たときも、父はその動向を目を皿のようにして追いかけていました。彼の家族は、みなポーランドにいましたから、心配だったのでしょうね。母がお皿洗いをしているときに、父がそばで記事を朗読してあげていたことを覚えています。母だけにではありません。父は、私たちにも、ニューヨーク・タイムズをよく読み聞かせてくれました。だから、ごく小さいころから、私は、世界で起こっていることを知っていたように思います。兄が文字の読み方を覚えたのも、この父による朗読が貢献していると思います。世界で起こっていることを知りたい、というのが、兄の文字習得の動機でもありました。

話が元に戻りますが、兄はその後、グリニッジ・ビレッジにいた先生を見つけ出し、この先生が教えていた学校の奨学金を受けることになりました。私も、後日、この学校で学習することになります。両親は兄が奨学金を受けることになったことを、とても誇りに思いました。私たち家族は、とても貧しくて、ベビーシッターを雇うお金はありませんでしたから、兄が学校に行くときには私もついていって、横でレッスンを眺めていました。そんな毎日でしたから、私は兄が弾く曲すべてをそらで覚えてしまい、演奏と一緒に歌えるようになっていました。それを見た先生たちが、この子には特別な才能があると思ったのでしょう、私もその学校で奨学金を受け、勉強することになったのです。四歳のときでした。科目はバイオリンで、読み書きなどを習うずっと前に、音楽を習い始めたというわけです。

両親にとっては、何よりもまず、子供たちの教育が最重要課題でした。子供たちへ学びの機会を提供すること、これが一番重要だったのです。これは私たちの家族だけの現象ではなく、あらゆるユダヤ人家庭に共通していることだと思います。ユダヤ人家庭の最大の特徴は、子供を育てるということがすべてのものに優先する、という点です。その中でも、子供たちに「学ぶ機会」を与えるということが、最も重要なことです。

小さいころ、私には、たった一揃いの洋服しかありませんでした。でも、母は毎日シャツを洗い、アイロンを掛けてくれましたので、常に衣服は清潔でパリっとしていて、私はまるでファッションモデルのようでした。貧乏だったので、時に、食べるものといえばポテトの水煮だけ、という日が、何日も続きました。でも、私たちには、音楽があった。お金があったら、洋服や食べ物に費やす前に音楽教育につぎ込む。これは、家族にとって妥協することのできない方針でした。私が二揃い目の洋服をやっと手に入れたのは、小学校五年生くらいのときだったと記憶しています。

学校の選択の上でも、困窮していた家庭の経済状況は重要な要素となりました。進学先として、兄はブロンクス高校を、私はハンター女子高校を選びましたが、どちらも市立で授業料が無料。時代は大恐慌まっただなかでしたから、優秀な人たちがたくさん教師になっていたし、子供たちも必死で勉強しました。貧しさから抜け出し、より良い暮らしを手に入れるには、勉強するしかなかったのです。

ところで、四歳で奨学金を受けた後、私は自宅のあるブロンクスから、学校のあるグリニッジ・ビレッジまで、たった一人で電車を乗り継いで通っていたのですが、帰途につき、自宅近くの駅に着くころには、いつも両親が揃って迎えに来てくれていたのを覚えています。貧乏で、学校まで送ってくれることはできなくても、私のことを思ってくれていることを、いつも行動で示してくれたのです。

グリニッジ・スクールは、別に、全員が無料だったわけではありません。全体の九〇パーセントが、学費を納めて通う児童でした。学費を納めて通っている子供たちは、みな中産階級以上の、豊かな家の子供たちでした。そういう子供たちの両親は最低でも高校を出ていて、良い働き口を持つ人ばかりでした。私は学校でそれらの人々の存在を知りました。そして、その人たちを通じて、「豊かな暮らし」というものを垣間見《かいま》ました。彼らのように、教育を受けた人間になりたいと、幼い私は強く思いました。両親や近所に住んでいる人たちのようにはなりたくない、と。そして両親も、そんな私を応援してくれました。また、たとえ貧乏でお金がなくても、中産階級の豊かな家庭の子供たちと、学校では対等以上に競争できている自分、彼らより優秀な自分を発見して、自信も持ちました。

その後、市立ハンター女子高校へ進みましたが、それまで、音楽以外の教育はほとんど受けていませんでした。英語の書き方や数学を初めて習ったのも、この女子高です。英語も数学も、何しろ一回も学んだことがありませんでしたから、みなに追いつくために、一人で必死に学ぶしかありませんでした。

両親は、教育に適した環境を提供しようと努力してくれたけれども、実際に私に教えることはできませんでした。でも、常に励ましてくれて、私たちを誇りに思ってくれました。私が高校に入ったときだって、彼らは本当に自慢に思ってくれました。母はとても喜んで、洋服を揃えてくれました。おおいばりで学校に行けるように。もちろん、このときまでには、一揃い以上の洋服は持っていましたが。

正直言って、もっと良い、いわゆる普通の大学へも行けたのかもしれません。でも、当時、市立大学は基本的に学費が無料でした。ハンター大学も同様で、一学期の学費が、なんとたったの五ドル。これには、授業料のみならず、テキスト代や図書館の利用費などの、すべての費用が含まれます。それに、貧乏な学生のために、アルバイトの口も用意されていました。私が見つけたアルバイト先は家庭教師でした。このアルバイトで、週に二～三時間働くだけで、生活していく費用は稼ぐことができました。ハンターには、このような至れり尽くせりの環境があったのです。そして、この大学で、私はその後とても大きい影響を受けることになる人物に巡り合ったのです。

恩人との出会い、信頼の輪

彼女の名前は、ロザリン・ヤロー[※2]。彼女は、私が大学二年のときに、一年だけハンター大学で教鞭《きょうべん》を取っていました。知り合ったころは、彼女が後日ノーベル賞を取ることになるなんて、思ってもみませんでした。彼女はイリノイ大学で原子物理学の博士号を取った後、ごく一時的に、ハンター大学で教鞭を取っていたのです。科目は現代物理学。彼女のクラスは、非常に刺激的でした。

当時、女性科学者が良い職にありつくことがどんなに大変だったか、いまでは想像もできないでしょう。あの時代は、ユダヤ人ということより女性であるということのほうが、科学者としてキャリアを積むうえでの大きな障害でした。

あるとき、進路に迷っていた私に、ヤローさんがこう言いました。「科学者になりなさい。女性が科学者として一人立ちするのは、とても大変だけど、あなたならできる」。それが、私がこの道に入ることになった、決定的な一言でした。

ハンター大学には、私よりももっと優秀な女性がたくさんいました。でも、その中で私がある種の成功をおさめることができたのは、自ら変化を起こすことができたから、と言えるでしょうね。その時代は、困難を乗り越えることのほうが、優秀でいるよりもずっと難しいことだったのだと思います。

その後の私のキャリアは、ヤローさんに負うところが非常に大きいです。彼女は私をとても助けてくれたのですが、それに加えて、信じてくれました。彼女は物理のみならず、数学、化学など、あらゆるものに挑戦するよう、私を励ましてくれました。「何に向いているか、見てみようよ」と。そして、私の試行錯誤を、ヤローさんは常に見守ってくれたのです。彼女はいつも、ことあるごとに、いかに私が優秀か褒《ほ》めてくれました。しかし一方で、彼女自身の生活については、あまりお話をされませんでした。私がMITの教授職を得たときも、彼女はまるで私が最高の科学者であるかのように褒め称えてくれたのですが、ちょうどその当時、彼女はノーベル賞を受けているのですよ。そのことについては、一切、自慢めいた言動はされませんでしたね。

大学院は、ケンブリッジ大学に進みましたが、それもヤローさんのお陰です。彼女がいなかったら、絶対に無理だったでしょう。あるとき私が、フルブライト奨学生の広告を見つけて、「あら、外国で勉強できるなんて面白そうねえ」と単純に羨《うらや》ましがり、「私も応募してみようかしら」と何気なく言ったところ、ヤローさんが、「やってみなさいよ、推薦状を書いてあげるわ」と。そして、ヤローさんの推薦状を付けて応募してみたら……受かってしまったのです！

なぜ、ヤローさんがそんなにも私を力強く支えてくれたのか。同じユダヤ人として、バックグラウンドが似通っていたことは、大きかったでしょうね。そして、彼女も人生で人に助けられたことがあって、そのお返しに、誰かを助けたいと思っていたのだと思います。女性にとって厳しい社会を、なんとか切り開いて行きたい、後進の女性たちに道を開きたい、という矜持《きょうじ》もお持ちだった。

私のキャリアは、ヤローさんを含めた素晴らしい方々との出会いで、できあがったものです。このことを思うたび、感謝の気持ちでいっぱいになります。

MITとグラファイトと天才日本人

私が後半生を費やすこととなったのが、グラファイト（石墨《せきぼく》・黒鉛）。これをテーマに選んだのも、MITをすみかと決めたのも、女性科学者であることが鍵でした。

当時、私は子育て真っ最中で、時間的に折り合いがつく職を探していました。するとあるとき友人が、MITに研究者の席がひとつできたから、行ってみてはどうかと教えてくれたのです。そして私はその席を得て、今に至るまでずっとMIT一筋でやってきました。MITを選んだのは、子供たちの世話ができる条件だったからです。

女性であることによっての制限、これは、私の人生の中で、非常に大きな位置を占める問題でした。女性であることによって、科学者としてのキャリアに大きな影響を受けてしまうのです。科学者であることには性差は考慮されませんから、そこに性差を持ち込むと、周りと非常にやりにくくなってしまう。当時の私は、二人の幼い子供を抱えていました。小さな子供を持っていれば、日々の生活に不安定要因が増えます。たとえば、子供が熱を出したりすると、スケジュールが思うに任せなくなってしまう。

そこで私は、「競合のない」プロジェクトを探したのです。選択肢はたくさんありました。その中から研究所の所長が勧めてくれたのは、磁気光学（magneto-optics）。そこで、自分しかできない研究として見つけたのが、あまりに難しくて誰も手をつけていなかった「グラファイト」だったのです。

着手した当時は、成果はあまり芳《かんば》しくありませんでした。ちょうど、夫がグラファイトに関して深い知識を持っていたので、彼ともよく話をしました。彼は、グラファイトが磁気光学と相性がいいはずだ、という確信を持っていました。結果として、彼は正しかったわけです。でも、私たちには、それを証明しうる、適切なサンプルがありませんでした。一九六〇年にMITのリンカーン・ラボに職を得てから、進むべき方向が見えるまで、実に一年間もかかりました。

一九六〇年に、新しい形態のグラファイトが英国で発見されました。発見したのは、GEリサーチ・ラボの男性です。私はすぐに、その人からサンプルを取り寄せ、磁気光学の実験にかけたところ、実に美しいスペクトル（分光）を得ました。

このスペクトルがきっかけとなり、その後、磁気光学の分野で多くの発見をするに至りました。このグラファイトの分野で協力関係を結んだのが、日本人科学者、遠藤守信《もりのぶ》氏（信州大学教授）です。

遠藤さんが注目され始めたのは、一九八〇年代のことです。私がグラファイトに関わりだしたのが一九六〇年ですから、いかに長い時間がかかったか、おわかりでしょう。一九八〇年、非常に優秀な研究者として、遠藤さんが話題の中心に上り始めました。一九七〇年代に、私の研究方向は、グラファイトの中でもより新しい、層間化合物（intercalation compound）と呼ばれるものに移っていました。そして、一九八〇年、層間物理学の第二回学会に参加した私は、そこで若い日本人の研究者の発表を見る機会を得ました。それが、遠藤さんとの出会い。彼が発表したグラファイトでできたファイバーを見た私は、「ああ、これだ！　これを使えば、長い間できなかった、いろんな実験ができる！」と興奮しました。出会ってすぐ、私たちは互いの中に自分にない知識を発見して、互いが補完関係にあることを知りました。この人とならいいチームになれる、と思いました。そして、二人一緒に、数え切れないほどの学会発表を行ってきました。現在も、新しい研究を一緒にやっています。とてもエキサイティングです。

遠藤さんは天才です。彼が天才である理由は二つあります。ひとつは、この地球上で、彼のような人が二人といないこと。そして、素材を発見したうえに、その応用までも発見したこと。

育ててくれた社会への恩返し

私は現在、アメリカ科学振興協会（AAAS）、アメリカン・フィジカル・ソサエティ、そしてナショナル・アカデミー・オブ・サイエンスの理事長を兼任しています。私の社会貢献に対する姿勢を形作っているのは、第一に、ハンター大学での経験です。あの、無料で私を教育してくれた制度。それに対する感謝。そして、もうひとつの柱は、社会貢献を旨《むね》とするユダヤ人としてのアイデンティティーでしょうね。

社会が私を教育してくれたおかげで、後日、私は様々なことを成《な》し遂《と》げることができたのです。無料で教育してくれた社会に対して、私が何かをお返しすることは義務であると考えてきました。機会を授けてくれた社会に対してお返しすることは義務なのです。これからも、それは続けていきます。お金のためにやっているわけではありません。でも、たまにその活動がお金になることもあります。世間に名が売れて、あら給料が上がったわ、といった感じで（笑）。

今後の目標？ とくにはありませんね。私はこれからも、今までと変わらず、毎日面白い科学の問題を解いていく、そんなところでしょうか。今までやってきたことを、これからもやっていくだけです。MITが私の場所で、そこで研究を続けていきます。無料で与えられた教育への感謝の気持ちを、社会にお返ししていきたいと思います。とくに、科学の分野での女性の活躍を応援したい。ヤローさんが私にそうしてくれたように。

皆様のご多幸を、こころからお祈りしております。

※1 イディッシュ語：東欧のユダヤ人が使用していた言語。系統的にはドイツ語に近い。

※2 女性科学者、1977年のノーベル医学・生理学賞受賞者。

エピローグ　子供に、世界にひとつだけのハッピーを与えよう

最後に、この教育のレシピを実行する目的、つまり本書でいちばんお伝えしたかったことについて、お話しさせてください。

それは、単に、

・学校で良い成績を取らせたり、
・良い仕事に就《つ》かせたり、
・ニートやフリーターになるのを防いだり、

することではありません。

頭の良いユダヤ人、と考えたとき、人々の頭にまっさきに浮かぶのは、アルバート・アインシュタインではないでしょうか。この本ではこれまで、彼についてはほとんど触れていません。なぜなら、彼はあまりにも例外的だからです。自分の子供にアインシュタイン級の人間になってほしいなどとは、恐れ多くてとても思えるものではありません。

でも、ここで、ちょっとだけ彼についてお話ししたいと思います。

アインシュタインは、本書で紹介した七つのレシピそのもののような家庭に育ちました。彼の家族はとても愛情に溢《あふ》れ、堅実だったと言います。父親はとても親切でおだやかな人でしたが、大学を出ておらず、商売にも才能があまりなかったようです。後日、アインシュタインの父親は、弟の会社の経営に加わり、そのお陰で家族には経済的に不自由のない暮らしが訪れました。一方、アインシュタインの母親は、ピアノの演奏にとても才能があった人で、父親よりも強い性格を持っていたということです。

アインシュタイン一家は、しばしば楽器演奏を皆で楽しんだようです。父親はまた、詩をとても好み、夕食後に、とくに好きだったハイネの詩を朗読したそうです。これらの家庭での出来事は、アルバート・アインシュタインの生涯に大きな影響を与えました。彼は、年を取ってからもバイオリンを弾き、ハイネが大のお気に入りでした。

アインシュタインは、「科学者になろうと決意したその瞬間を、今でも鮮やかに覚えている」と語っています。それは、彼がたった四歳、父親が磁石でできた方位針を見せてくれたときだったそうです。

彼の父親は、方位針をアインシュタイン少年に手渡したとき、まさか息子が後日、世界でもっともすぐれた偉人の一人になろうとは、想像もしなかったに違いありません。

先日、ある物理の専門誌で、アインシュタインに関する面白い記事を見つけました。その記事は、とても有名な物理学者の、大学教授によるものでした。彼は、こう言っています。

「本当のアインシュタインを知る人は、だれも、彼が数学の天才だとは思っていない。彼があれほどの偉業を成し遂げることができたのは、ひとえに、彼の想像力、独創性、独自の思考によるものなのだ」

子供は誰しも、独創力と自分の意見を築き上げる能力を持っています。そして、誰にも真似できない才能を秘めています。たとえアインシュタインほどではなくとも。

でも、この秘められた才能は、家庭や学校教育の環境によって、壊されてしまうこともあるのです。

学校教育の場では、時に不必要なほど、静かに先生の言うことを聞き、他の生徒と同じようなことをするよう押し付けられることがあります。残念なことに、このメッセージにおとなしく従ってしまう両親が多すぎます。

ユダヤ式「天才」教育のレシピに従えば、

●子供が持つ才能が破壊されてしまわないように、子供を守ることができる。

●そして、その才能をさらに伸ばすことができる。

●学校で良い成績を取ることが目的ではないが、結果として良い成績を取る子供に育つことが多い。

このレシピのポイントは、より大きな才能の花を咲かせるために、子供の想像力を伸ばし、独立した思考をするよう励ますことなのです。世界にひとつだけの、その子なりのハッピーを見つける底力をつけてあげるということでもあります。

もちろん、「学ぶ喜び」は、生きていくうえでのあらゆる喜びの中の、ほんのひとつに過ぎません。学ぶこと、働くこと、愛すること、悲しみを乗り越えること、そのほか、人生にまつわるすべてを丸ごと味わう「生きていくことの喜び」こそ、子供が知的であろうとなかろうと、あなたが子供に与えることができる最高の贈り物だと思います。

この、生きていくことの喜びを子供に感じさせてあげたいなら、第一歩として、日々の暮らしに家族みんなで共有できる楽しみを持ち込んでみてはどうでしょう。音楽でも、詩でも、スポーツでも、テレビ番組を茶化《ちゃか》すことだっていいでしょう。家族みんなでひとつのことを楽しみ、語り合う。そうして、毎晩の食卓は子供たちを、笑い声で包んであげてください。家族の温かさは、信頼とともに次世代に遺伝していくことでしょう。

おわりに　ご縁《えん》と感謝をこめて

日本語には、人生で巡り合ういろいろなものを、簡潔に、そして美しく表す言葉があります。

それは、「縁」です。決まりそうだった仕事を逃したとき、欲しかったものが一足違いで売り切れだったときなど、怒ったり他人をうらんだりせずに「ご縁がなかったね」と丸く納得したり、「これも何かの縁だから」と理屈ぬきの大きな心で相手を包んだり。地味ですが、日本と日本人の美しさをよく表す言葉だと思います。

「縁」は、この本そのものでもあります。長い間、この世に互いが存在することすら想像せずに生きてきたアメリカ人と日本人が、ある日出会い、結婚しました。その縁から芽生えた新しい縁、大きくなった縁、たくさんのご縁が、私たち夫婦を支えてくださっています。そして、たくさんのご縁をもって、この本を完成することができました。

まず、著者アンドリュー・サターの実母キャロルと、継父デイヴィッド・ガーステンゼン、そしてユキコ・サターの両親である中村俊彦・田鶴子夫妻に、感謝を捧げたいと思います。この世に存在するあらゆる縁のなかで最も強いもののひとつが、親子という縁ではないでしょうか。彼らの子供として育ち、そしてこれからも子供である幸運をもたらしてくれた見えざる手に対して、深く感謝したいと思います。

そして、今回ご縁があり、インタビューに答えてくださった各界で活躍する五人の方々にも、改めて御礼申し上げたいと思います。多忙を極めるにもかかわらず、本書の趣旨にご賛同くださり、たいへん熱心にインタビューにお答えいただきました。中でも、ミルドレッド・ドレッセルハウス博士へのインタビューでは、予定時間を大幅に超過してしまったため、ディナーへお出かけ予定だったご家族全員を、長い時間お待たせする結果になってしまい今でも心苦しく思っております。ご協力、誠にありがとうございました。

文中に多数引用させていただいた「市井《しせい》に生きるユダヤ人の生の声」は、著者アンドリュー・サターの長年の友人である、チャールズ・スタインバーグ氏と、レイ・クライン氏から寄せられたものです。変わらぬ友情に、心から感謝いたします。

また、この本の執筆にあたって方向性を模索していたおり、貴重なインスピレーションを与えてくださった、浅尾一郎・明美夫妻にも御礼申し上げます。アメリカに長くお住まいになり、土地になじみ、アメリカ式の厳しいビジネス界で成功されている一方で、日本の伝統を慈しみ、日本人であることを誇りに思っていらっしゃる浅尾夫妻と、のびのびと国際社会に羽ばたいていこうとしているそのお子様たちは、次世代の日本人のロールモデル（模範）となることでしょう。

弁護士として長年ビジネスの世界に身をおいて来た著者アンドリュー・サターに、一味違う角度から本を書いてみてはどうかと触発してくださった今裕子氏、そして、単行本の出版を実現してくださった川辺秀美氏もまた、不思議なご縁で結ばれた友人です。たくさんのご助言と励まし、本当にありがとうございました。

この本を手に取られた方々に、たくさんの素敵なご縁がもたらされますように。お子様たちの天与の才能がうまく引き出され、世界にはばたく力強い日本人になりますように。何より、子供たちみんなが、ハッピーになれますように。

二〇一〇年七月

アンドリュー・J・サター
ユキコ・サター

追記

アンドリューの実母、キャロルは、この文庫版をみることなく、二〇〇九年二月一四日に米国フロリダ州の自宅で就寝中にこの世を去りました。八六歳でした。その三日ほど前にかけた電話が、アンドリューが彼女と言葉を交わした最後になってしまいました。

その電話では、いつもとおなじように、ジョークを言い合い、今お互いが読んでいる本について情報交換をし、話題はとりとめもなく、オバマ大統領の活躍から近所の住民の愚《ぐ》痴《ち》、日本でのアンドリューの暮らしぶりにまで及びました。最後までいきいきと、愛情深く、世の中や人生に前向きな、素晴らしい女性でした。

この本には、彼女が実際に子供たちに与えてくれた教えがちりばめられています。海を越え、世代を超え、人種の垣根を越えて、彼女の知恵が日本の子供たちのためになるなら、これに勝《まさ》る喜びはありません。

母キャロルへ、感謝と想い出をこめて。

To the memory of our mother, Carol Geller（1922–2009）ז״ל

本作品は二〇〇六年三月、インデックス・コミュニケーションズより刊行された『ユダヤ人が語った親バカ教育のレシピ』を文庫化にあたり改題し、加筆訂正しました。

アンドリュー・J・サター―国際弁護士。1955年、米国ニューヨーク市近郊のユダヤ人家庭に生まれる。ハーバード大学で物理学を専攻。カリフォルニア大学ヘースティングス校ロースクール卒業。弁護士として証券業法、エンターテインメント・ファイナンスなどの分野で活動後、世界最大の半導体製造機器メーカー、アプライド・マテリアルズ社で知的所有権取引、技術移転を含むM&Aを担当。2000年よりソニー・グループの戦略ベンチャー投資部バイスプレジデント。2003年より国際戦略的提携に特化した弁護士活動を展開している。著書には、『ユダヤ人の頭のなか』『ブレーキング・ボックス 常識に囚われない仕事の考え方』（以上、インデックス・コミュニケーションズ）などがある。

ユキコ・サター（中村起子）―1965年、岩手県に生まれる。一橋大学商学部を卒業後、小売業およびベンチャー・キャピタルに勤務。アンドリューとの結婚を機に米国へ移住。米銀勤務を経て、2002年より日米間の企業提携に関するコンサルティングに従事。翻訳者としても活動している。

「与《あた》える」より「引《ひ》き出《だ》す」!
講談社+α文庫 ユダヤ式《しき》「天才《てんさい》」教育《きょういく》のレシピ

アンドリュー・J・サター+ユキコ・サター

2010年 9 月20日第 1 刷発行

発行者――鈴木 哲
発行所――株式会社 講談社
東京都文京区音羽2-12-21 〒112-8001
電話 出版部(03)5395-3529
販売部(03)5395-5817
業務部(03)5395-3615
カバー写真――アンドリュー・J・サター
デザイン――鈴木成一デザイン室
カバー印刷――凸版印刷株式会社
印刷――慶昌堂印刷株式会社
製本――株式会社千曲堂

落丁本・乱丁本は購入書店名を明記のうえ、小社業務部あてにお送りください。
送料は小社負担にてお取り替えします。
なお、この本の内容についてのお問い合わせは
生活文化第二出版部あてにお願いいたします。
Printed in Japan ISBN978-4-06-281386-0
定価はカバーに表示してあります。

講談社+α文庫 Ⓖビジネス・ノンフィクション

鉄人ルー・テーズ自伝
ルー・テーズ
流 智美 訳
史上最強ここに極めり。世界最高峰のプロレスラーが自らの足跡と真の実力について語る
724円 G 176-1

*中国ニセモノ観光案内
田中 淳
ニセ牛肉、ニセ病院、ニセ恋人、ニセ太陽……日本人のホンモノ幻想を打ち砕く44の事件簿
648円 G 177-1

*司会者は見た 昭和テレビ史を生きたスターたちの素顔
小川 宏
元祖名物アナウンサーが、実際に見て、聞いて、話した、有名人たちの秘話を初公開！
762円 G 178-1

大逆転の時代 日本復活の最終処方箋
山﨑養世
「高速道路無料化」が落日の日本を救う。改革が実現すれば日経平均10万円も夢ではない!!
686円 G 179-1

〈図解〉日本三大都市 幻の鉄道計画 明治から戦後へ、東京・大阪・名古屋の運命を変えた非実現路線
川島令三
現在の路線図の裏には闇に葬り去られた数多くの鉄道計画が存在した!! 驚きの図版満載
762円 G 181-1

〈図解〉日本三大都市 未完の鉄道路線 昭和から平成へ、東京・大阪・名古屋の未来を変える計画の真実
川島令三
10年後、近所に駅ができているかもしれない!? 地価・株価をも動かす隠密計画の全貌を公開
838円 G 181-2

〈図解〉超新説 全国未完成鉄道路線 ますます複雑化する鉄道計画の真実
川島令三
ミステリー小説以上の面白さ！「謎の線路」と「用途不明の鉄道施設」で見える「日本の未来」
838円 G 181-3

大地震死んではいけない！ 間違いだらけの「常識」にだまされるな！
株式会社レスキューナウ＝編
目黒公郎＝監修
「水・食料の確保」「火はすぐ消す」は大間違い。日本唯一の危機管理情報専門企業が教示
648円 G 182-1

劇画「蟹工船」 小林多喜二の世界
小林多喜二＝原作
藤生ゴウ＝作画
白樺文学館多喜二ライブラリー＝企画
昭和初期プロレタリア文学の金字塔劇画化！迫力の画像と写真豊富な解説で一気につかむ！
571円 G 183-1

渋沢栄一 日本を創った実業人
東京商工会議所＝編
世界の近代化に乗り遅れた日本の進むべき道筋を示し、日本の礎を築いた渋沢の歩み！
819円 G 184-1

*印は書き下ろし・オリジナル作品

表示価格はすべて本体価格（税別）です。本体価格は変更することがあります

講談社+α文庫 Ⓖビジネス・ノンフィクション

タイトル	著者	内容	価格	番号
黒人に最も愛され、FBIに最も恐れられた日本人	出井康博	日米開戦前夜、黒人達を扇動し反米活動を仕掛けた日本人がいた。驚愕の秘史が明らかに	819円	G 185-1
*闇の流れ 矢野絢也メモ	矢野絢也	公明党の書記長・委員長時代の百冊の手帳に残る驚愕の記録。創価学会が怖れる事実とは	933円	G 186-1
街金王 池袋アンダーグラウンドの「光」と「闇」	高木賢治	カネの前では正義もへったくれもない。「悪」と呼ばれる、街金業界の全てをさらけだす!	876円	G 187-1
私は金正日の極私的ボディガードだった 戦慄の思想と驚愕の素顔	李英國 李京榮=訳・監修	世界最強警護官として最高級待遇を得ていた男が地獄から生還するまで。"北"の闇を暴露!	724円	G 188-1
戸籍も本名もない男 アメリカで夢を摑んだ戦災孤児	村上早人	身一つで戦後の混乱期を駆け抜けた男・ハヤトの、魂を揺さぶる感動ノンフィクション!	762円	G 189-1
闇に消えたダイヤモンド 自民党と財界の腐蝕をつくった「児玉資金の謎」	立石勝規	ロッキード、金丸脱税、西武鉄道事件……自民党と財界の大物たちを歪めた「闇の系譜」	762円	G 190-1
戦略の名著! 最強43冊のエッセンス	有坪民雄 守屋淳	孫子の兵法、クラウゼヴィッツからテーラー、ドラッカーまで。不況を生き抜く英知を解説	819円	G 191-1
新版 編集者の学校 カリスマたちが初めて明かす「極意」	元木昌彦	編集者ほど楽しい仕事はない! 入社試験対策から編集・取材の基本まで必須知識が満載!	743円	G 192-1
裁判員制度はいらない	高山俊吉	国民を愚弄する裁判員制度の欺瞞、裏に隠された政府・法曹界のおぞましい思惑に迫る!	743円	G 193-1
大不況に克つ「多動」と「引き」のセールス術	朝倉千恵子	モノが売れない時代こそ好機。人材教育界の人気モチベーターが明かす必勝ノウハウとは	667円	G 194-1

*印は書き下ろし・オリジナル作品

表示価格はすべて本体価格(税別)です。本体価格は変更することがあります

講談社+α文庫 Ⓖビジネス・ノンフィクション

先着順採用、会議自由参加で「世界一の小企業」をつくった
松浦元男
日本の先端工業製品を支えるものは中小企業の超高精度な技術力！ カリスマ社長の会社物語
762円 G 195-1

政治家の日本語力 言葉を武器にできるのか、失点にするのか
都築　勉
言葉を尽くして聞く者に訴え、支持を集めんとする政治家の武器。「言語の構造」を解明！
743円 G 196-1

機長の判断力 情報・時間・状況を操縦する仕事術
坂井優基
限られた時間で情報を処理する操縦士の思考法は、ビジネスにいますぐ使える奥義が満載
686円 G 197-1

＊**「戦場」から学ぶ仕事術** クビを切られない「戦う男」の鉄則
柘植久慶
日本で一番「戦場」を知っている男による乱世で生き残るためのビジネスの鉄則
705円 G 198-1

＊**仕事に効く「兵法」** 生き残るための「三国志」の智恵
柘植久慶
いまこそ「三国志」の知略・謀略・策略を、日々の仕事のディテールに活かす時がやって来た！
743円 G 198-2

「カネ儲け」至上主義が陥った「罠」
伊藤博敏
堀江貴文、村上世彰、折口雅博、堤義明ら、「我欲」をコントロールできない大物の悲劇
819円 G 199-1

ケンカ番長放浪記 世界のマフィアを相手にして
安部英樹
カネ、女、ドラッグ、博奕、そしてケンカ……世界の黒社会を制覇した男が見たマフィアの掟！
838円 G 200-1

イグ・ノーベル賞 世にも奇妙な大研究に捧ぐ！
マーク・エイブラハムズ　福嶋俊造 訳
たまごっちが経済学賞受賞！ 笑えて、次に考えさせる、もう一つのノーベル賞の全貌!!
686円 G 201-1

ぼくが葬儀屋さんになった理由《わけ》
冨安徳久
村上龍氏絶賛！ 気鋭の葬儀社社長が歩む「遺族の悲しみに寄り添う」お葬式とは!?
743円 G 202-1

沢田マンション物語 2人で作った夢の城
古庄弘枝
5階建てのマンションの設計から土木工事までを独力でやりとげた型破り夫婦の痛快人生！
819円 G 203-1

＊印は書き下ろし・オリジナル作品

表示価格はすべて本体価格（税別）です。本体価格は変更することがあります

講談社+α文庫　©ビジネス・ノンフィクション

*印は書き下ろし・オリジナル作品

書名	サブタイトル	著者	紹介	価格	コード
*ちっとも偉くなかったノーベル賞科学者の素顔	夢に向かって生きた83人の物語	石田寅夫	一九〇一年のレントゲンから受賞者達の汗と涙の物語。そのまま現代科学の歴史がわかる！	838円	G 204-1
「世界」崩壊	それはベルリンで始まり、日本で続いている	杉山隆男	1989年の呪縛から逃れられない日本。破滅への道を突き進むことになった歴史の真実を追う	743円	G 205-1
外務省に裏切られた日本人スパイ		原沢博文訳 茅沢勤	中国公安に逮捕された残留孤児二世。「我々は無関係」と愛国者を見捨てた外務省の非情！	838円	G 206-1
オーラの素顔　美輪明宏の生き方		豊田正義	「どうしてそんなことまで知ってるの？」――本人も感嘆する美輪明宏の決定的評伝	838円	G 207-1
いまさら入門　バフェット	金融危機に負けない投資法	三原淳雄	リーマンショックにもひるむな！「世界一の投資家」はこうしてお金持ちになった	648円	G 208-1
さらば財務省！	政権交代を嗤う官僚たちとの訣別	髙橋洋一	山本七平賞受賞。民主党政権を乗っ取った闇権力の正体、財務省が攪んだ鳩山総理の秘密	819円	G 209-1
ビジネスメールを武器にする方法40		平野友朗	相手に好感を持たれ、仕事が好転する技！仕事が「できる・できない」はメールでわかる！	619円	G 210-1
古代日本列島の謎		関裕二	日本人はどこから来て、どこへ行こうとしているのか。日本と日本人の起源を探る好著！	781円	G 211-1
「古代史」謎解きのヒント		関裕二	歴史作家が参考にした文献や取材でわかった「鍵」から古代史をひもとくユニークな入門書	648円	G 211-2
「天皇家」誕生の謎		関裕二	『日本書紀』が抹殺した歴史に光を当て、ヤマト建国と皇室の原点を明らかにする問題作！	686円	G 211-3

表示価格はすべて本体価格（税別）です。本体価格は変更することがあります。